Charles Benoist

Machiavel
et
le Machiavélisme

essai

ISBN : 978-1534868830

10 9 8 7 6 5 4 3 2 1

Charles Benoist

Machiavel et le Machiavélisme

essai

Table de Matières

I. — COMMENT SE FAIT ET SE MAINTIENT LE PRINCE

Il n'est probablement personne au monde de la part de qui ce ne serait point aujourd'hui de l'outrecuidance d'entreprendre soit une nouvelle histoire de Machiavel et de son temps, soit une nouvelle explication de son œuvre et de son dessein, soit une nouvelle critique ou une nouvelle apologie de sa vie et de ses écrits. Après M. Villari et M. Tommasini, après Macaulay, après les Ranke, les Gervinus et tant d'autres, il ne reste plus là-dessus rien à dire, ou peu de chose, et de très petites choses ; pas de quoi, en tout cas, ajouter utilement un volume à l'énorme bibliothèque que quatre siècles ont remplie de papier de format divers, imprimé à la gloire ou à la confusion, pour l'exaltation sans mesure ou pour la condamnation sans pitié du Secrétaire florentin.[1] Nous nous occuperons, quant à nous, beaucoup moins de Machiavel que du machiavélisme, et de Machiavel seulement par rapport au machiavélisme. Mais prenons garde. Il y a machiavélisme et machiavélisme. Il y a un vrai et un faux machiavélisme : il y a un machiavélisme qui est de Machiavel, et un machiavélisme qui est quelquefois des disciples, plus souvent des ennemis de Machiavel. Cela fait donc deux machiavélismes, et même trois : celui de Machiavel, celui des machiavélistes, et celui des antimachiavélistes. Bien plus, en voici un quatrième : celui des gens qui n'ont jamais lu une ligne de Machiavel et qui se servent à tort et à travers des verbes, substantifs et adjectifs tirés de son nom.

Machiavel ne saurait pourtant être tenu pour responsable de ce que, dans la suite, les uns et les autres, le premier ou le dernier venu, se sont plu à lui faire dire : il n'a dit que ce qu'il a dit ; ce n'est pas chez eux qu'il faut aller chercher le machiavélisme, c'est chez lui ; et si, dans l'usage, dans le langage courant, il y a plusieurs machiavélismes, — ce qui embrouille tout, — en bonne justice il ne peut et il ne doit y en avoir qu'un, qui est le machiavélisme de Machiavel, pris directement à sa source, en Machiavel même.

---

1 Voyez le savant travail de Robert de Mohl : *Die Machiavelli Literatur*, au tome III de son grand ouvrage : *Die Geschichte und Literatur der Staatswissen-schaften* ; 3 vol., 1855-1858 ; Erlangen, Enke ; — et les notes du livre, si richement documenté, de M. Oreste Tommasini : *Là vita e gli scritli di Niccoló Machiavelli* ; 1 vol. gr. in-8° ; 1883 ; Rome, Turin, Florence, Lœscher (le second volume annoncé n'a pas encore paru). L'un de ces répertoires est vieux de plus de cinquante ans, l'autre de plus de vingt ans déjà, et, depuis lors, on n'a pas cessé de publier.

Charles Benoist

Mais celui-là, le machiavélisme authentique et original, légitime, né sûrement de ce père, à tel jour et en tel lieu, est-il bien certain qu'il existe ? En d'autres termes, Machiavel a-t-il institué une doctrine et fondé une école ? Ou plutôt ne pourrait-on pas dire du machiavélisme ce qu'il est permis de dire du positivisme, par exemple : qu'à y regarder de près, et quelque prétention qu'il en ait, c'est moins une doctrine qu'une méthode ? Ainsi, — et avec combien plus de raison ! — du machiavélisme, qui est une espèce de positivisme, un réalisme appliqué étroitement et exclusivement à la politique. Machiavel « maximise » volontiers, il a systématise » peu. Jamais auteur ne fut, en dépit des ardeurs de son imagination, plus « objectif, » plus observateur, plus « enregistreur » que l'auteur du *Prince* et des *Discours sur Tite-Live*. Il n'a pas plus *créé* les facteurs de sa politique que le mathématicien ne crée les données du problème qu'il résout, ou le chimiste, les élémens du corps qu'il analyse. Comme le chimiste, lui aussi, il analyse ; comme lui, il note, il formule. Et parce que, là non plus, rien ne se perd, rien ne se crée, parce que, là aussi, il y a des élémens, des facteurs qui demeurent constans dans le changement des circonstances, il y a en conséquence une sorte de « machiavélisme perpétuel », qui, le machiavélisme étant moins une doctrine qu'une méthode, est moins un précepte donné, moins un principe posé par Machiavel qu'une loi dégagée par lui de l'observation de son temps et de l'étude des temps antérieurs ou anciens : loi de tous les temps, valant pour tous les temps, malgré la différence des temps, si les hommes sont les hommes, si les choses sont les choses, si la politique est l'art de plier soit les choses aux hommes, soit les hommes aux choses, et de conformer les moyens au but.

Les princes et les diplomates ont bien pu, avec Frédéric le Grand ou avec Metternich, se mettre généralement d'accord pour blâmer l'immoralité de Machiavel ; mais nous, presque contemporains encore de ce Napoléon que l'on a appelé un Castruccio gigantesque, dont on a voulu faire un commentateur et qui fut tout au moins un lecteur assidu du *Prince* ; nous devant qui se sont constituées les deux nations les plus jeunes de la jeune Europe, et sous les yeux de qui se sont faites ou achevées l'unité italienne avec Cavour, l'unité allemande avec Bismarck, nous savons que vainement on le couvre d'anathèmes : le machiavélisme, par ce qu'il a saisi, par ce qu'il enferme d'éternellement et universellement humain, d'éternellement et universellement réel, donc d'éternellement et universellement politique, n'a pas cessé de vivre et d'agir. Non seulement nous avons entendu deux fois, par-dessus les Alpes et par-delà le Rhin, jeter le cri qui ressuscite les peuples, mais deux fois, à ce cri, nous avons vu se lever, comme s'il s'éveillait du sommeil de la terre, l'Homme qui devait venir ; et, les deux fois, cet homme a été le Prince, tel que Machiavel l'avait annoncé : grand dissimulateur et grand simulateur, grand connaisseur de l'occasion, collaborateur avisé de la Providence ou corrupteur audacieux de la Fortune, grand amateur de la ruse, grand adorateur de la force, lion et renard, tantôt plus lion que renard, tantôt plus renard que lion. Et non seulement nous avons entendu ainsi le machiavélisme crier, nous l'avons vu vivre et agir dans cet événement extraordinaire qu'est l'enfantement d'une nation ; mais, dans le train ordinaire des jours, dans les menus incidens qui ne sont des événemens que par leur succession, que de fois encore les politiciens qui se croient le plus modernes ne font-ils que mettre en pratique, à peine retouche, à peine rajeuni, le formulaire de Machiavel, resté sur bien des points, après tant de révolutions, comme la règle du jeu de ce monde ! Le Prince, c'est l'Homme qui doit venir, mais c'est aussi celui qui veut arriver ; et pense-t-on qu'il y aurait à transposer beaucoup pour faire de ce bréviaire du tyran un manuel du démagogue ? Du chef de bande d'alors au chef de parti d'aujourd'hui, la distance, en vérité, n'est pas si longue qu'elle paraît, toujours par l'unique et suffisante raison que les hommes sont les hommes, que les choses sont les choses, et que la politique est la politique. Or, puisque Machiavel s'est attaché, avec une volonté inébranlable, à voir les hommes comme ils sont, avoir les choses comme elles sont, et à en déduire la politique comme elle doit être, ou mieux comme elle ne peut pas ne pas être,[1] il en résulte que le machiavélisme n'a pas plus vieilli, en son essence et en son fond, que ne vieillit une loi chimique ou une loi mathématique, car son essence et son fond ne sont autres que l'essence des choses et le fond de l'homme, données premières, facteurs permanens de la politique. Sauf les variations du milieu, sauf le changement des circonstances, sauf les accommodemens et les mises au point que ce changement exige, les causes que Machiavel a notées comme produisant tels ou tels

1 *Le Livre du Prince*, ch. XV, édition de 1550, dite *Testina*, p. 45.

Charles Benoist

effets continuent et continueront de produire les mêmes effets ; les mêmes moyens continuent et continueront de conduire au même but ; ou, si les moyens ne sont pas tout à fait les mêmes, ils seront semblables et équivalens. Il y en a de bons, il y en a de mauvais, il y en a de moraux, il y en a d'immoraux ; mais le machiavélisme l'ignore ou l'oublie ; pour lui, ils ne sont ni bons, ni mauvais, ni moraux, ni immoraux ; ils réussissent ou ils ne réussissent pas ; s'ils ne réussissent pas, ils sont mauvais ; et ils ne sont plus immoraux, ou peu importe qu'ils le soient, s'ils réussissent.

Peu importe au politique, et il ne s'agit ici que du politique et de la politique ; Machiavel marque imperturbablement la séparation entre la politique et la morale. Il sous-entend partout : la morale fait un, et la politique fait deux. Nulle part il ne dit qu'il est bien qu'il en soit ainsi, mais il constate qu'il en est ainsi ; puis, l'ayant constaté, il n'essaye pas de se duper et de nous duper, il s'en garde, au contraire, et il nous en garde. Il déclare d'une voix tranquille : « Cela veut du sang, cela veut du fer, » comme le chimiste, pour pousser la comparaison, déclare, sans s'en réjouir ni s'en affliger : « Ceci est du vitriol, » ou : « Ceci est du sucre. » En Machiavel, aucune hypocrisie ; il n'a de scandaleux, et de presque effrayant parfois, que sa sincérité, laquelle n'est pour une bonne part que de l'indifférence scientifique. Cet œil admirablement net est comme un miroir qui réfléchit tout et ne déforme rien, qui ne défigure, ni ne transfigure ; et cette main est admirablement fine, admirablement souple, admirablement ferme. Si l'axiome ne ment pas, et si l'intelligence parfaite, c'est « l'adéquation de l'objet et de l'esprit, » — *adæqualio rei et intellectus*, — voilà l'intelligence la plus parfaite qui ait été, l'esprit absolument égal à l'objet. De là, — toute considération étrangère éliminée, la politique étant prise pour ce qu'elle est dans la réalité, au lieu d'être conçue ou rêvée comme elle devrait être, — la haute et durable valeur du machiavélisme ; de là, de ce qu'il est toujours actif, toujours vivant, de ce qu'il est vrai de l'éternelle vérité de la nature et de la science, le profond et puissant intérêt que nous avons à le connaître bien ; mais, pour le bien connaître, il faut l'embrasser tout entier ; et, pour l'embrasser tout entier, il faut d'abord en retrouver les élémens, déterminer, d'après quoi, sur quoi Machiavel a travaillé, dégager les matériaux du machiavélisme ; ensuite, montrer Machiavel

I. — COMMENT SE FAIT ET SE MAINTIENT LE PRINCE

au travail, étudier le machiavélisme en lui-même, à l'état pur, le fixer, i. e définir ; examiner-enfin comment et en quel sens il s'est développé ou il a dévié postérieurement, ce qu'il a produit, ce qui est né de lui, quelles ont été, quelles peuvent être encore les œuvres vécues de cette œuvre écrite. — Et de là trois parties distinctes, trois temps en quelque sorte dans le machiavélisme perpétuel : le machiavélisme avant Machiavel ; — le machiavélisme de Machiavel ; — le machiavélisme après Machiavel. L'ordre logique, en l'espèce, est l'ordre chronologique, et le plan est tout fait : il n'y a qu'à commencer par le commencement. Quand Machiavel parut, qu'est-ce que le passé avait accumulé, qu'est-ce que le présent contenait de machiavélisme en suspension ?

I

Prenons le machiavélisme en ses traits significatifs, dans l'image peut-être un peu sommaire qu'on s'en forme communément, et qu'il y aura lieu plus tard d'atténuer ou de renforcer, de corriger et de compléter, mais qui fait relief et qui est celle-ci : celle, après tout, que l'on obtient, résumant en trente lignes les trente chapitres du *Prince* [1] :

« L'Homme fort selon Machiavel tient le monde pour ce qu'il est et les hommes pour ce qu'ils sont ; il ne s'enquiert pas de ce qui devrait se faire, mais de ce qui se fait. Parmi tant de rivaux qui ne sont pas bons, il a appris à pouvoir n'être pas bon. Il sait que, la misère de notre nature ne permettant à personne d'avoir toutes les qualités, l'homme d'État doit s'arranger pour n'avoir que des défauts qui ne puissent lui faire perdre l'État. Il est lent à croire et à se mouvoir, ne s'effraye pas d'un rien, n'a pas peur de son ombre, ne pousse pas la confiance jusqu'à être imprudent, ni la défiance jusqu'à se rendre insupportable. Dans le fond de son cœur, il s'est demandé s'il valait mieux être aimé que craint, ou mieux être craint qu'aimé ; et il s'est répondu que sans doute il vaudrait mieux être l'un et l'autre ; mais que, comme il est difficile d'être les deux ensemble, le plus sûr est donc d'être craint, s'il faut renoncer à l'un des deux, car les hommes n'aiment qu'à leur gré, mais ils craignent au gré du Prince ; et la

---

1 Cf. *Le Prince de Bismarck*, Psychologie de l'Homme fort. Voyez la *Revue* des 1er et 15 juillet 1899, 1er avril et 1er mai 1900.

Charles Benoist

sagesse commande de se fonder sur ce qui dépend de soi, plutôt que sur ce qui dépend d'autrui. Il ne méconnaît pas que ce soit pour le Prince un honneur que de garder la foi jurée, mais il n'en a vu que trop qui ne se sont pas fait un scrupule de la violer, et qui, par-là, l'ont emporté sur ceux que leur parole enchaînait. Si les hommes étaient tous bons, une pareille morale ne serait pas bonne ; mais, comme ils sont mauvais et ne se gêneraient pas envers toi, toi non plus, tu n'as pas à te gêner envers eux ; exerce ton âme, dresse-la à ne point se départir du bien si c'est possible, mais à se résoudre au mal quand tu t'y trouves obligé. Paraître avoir certaines vertus est d'une tout autre importance que de les avoir réellement, puisque de les avoir et de les pratiquer sans y manquer peut nuire, tandis que de paraître simplement les avoir ne peut être qu'avantageux. Le tout est de maintenir et d'augmenter l'État ; pourvu que l'on y arrive, il n'est pas de moyens qui ne soient considérés comme honorables, car le vulgaire ne voit que la surface des choses, et le monde n'est composé que de vulgaire. »

Ainsi, et en quelques mots, — un mot par maxime — : réalisme, égoïsme, calcul, indifférence au bien et au mal, à la vérité et au mensonge, à la parole donnée et au parjure ; *virtù*, c'est-à-dire énergie, résolution et ressort ; culte et culture de soi, gymnastique de la volonté, discipline de la pensée, du sentiment, des nerfs, de la chair, de tout l'être ; création continuelle par l'homme, dans l'homme même, d'un surhomme artificiel, du héros, du Prince, qui, sans se soucier des moyens, trouve moyen de réussir, et qui n'ait, avec le souci d'être grand, que le seul souci d'être beau. En cette indifférence, en cette insouciance, en cette totale amoralité, peut se cacher le germe de tous les vices, peut-être de tous les crimes : la cupidité, la rapacité, le dol, le vol, le libertinage, la débauche, la fourberie, la perfidie, la trahison, l'assassinat ; et, dès lors que les moyens sont indifférens, le poignard et le poison sont des moyens. Machiavel ne le dit pas, mais il ne le nie pas, et c'est toujours là qu'on en revient : il ne conseille ni ne déconseille, il constate. Avant de tracer et afin de tracer la règle du jeu de ce monde, il regarde comment se joue autour de lui ce monde. Or voici, point par point, ce qu'il voit.

L'enfant qui naît, naît où il peut : tant mieux s'il est de bon lieu, de pareils riches, puissans ou seulement connus, de père certain et de mère avouée ; mais, s'il est bâtard, qu'il n'en rougisse ni ne se désespère : il n'en rejaillit sur lui aucune honte, il n'en résulte pour lui aucune infériorité. Peu s'en faut que la concubine ne soit mise, partout et par tous, sur le même rang que l'épouse, montrée, déclarée, honorée comme elle. Du vivant de Maria di Savoia, femme du dernier des Visconti, et en sa présence, en pleine iglise, le clergé chante des prières publiques pour la maîtresse du duc, Agnese del Maino.[1] La famille elle-même ne distingue pas entre les enfans, légitimes ou illégitimes ; ils sont élevés en commun, instruits avec la même attention, soignés avec le même amour ; Bianca Maria Visconti veille tendrement sur la petite Caterina Sforza, issue du double adultère de son fils Galeazzo et de Lucrezia Landriani, laquelle Lucrèce était loin de mériter son nom, puisqu'elle avait au moins quatre enfans de trois hommes, et d'autres encore, parait-il, a dont on ne sait pas bien d'où ils lui sont venus [2]. » Caterina Sforza une fois légitimée, à cinq ans, la propre femme de Galeazzo, Bona di Savoia, l'adopte et ne s'en séparera que pour la marier.[3] Borso d'Esté à Ferrare, Sigismondo Malatesta à Rimini, Francesco Sforza à Milan, Ferdinand d'Aragon à Naples, sont des bâtards.[4] Ce serait trop de dire qu'il y ait, au sens où nous l'entendrions maintenant, égalité au point de départ entre tous les hommes, mais il n'est rien vraiment d'impossible à personne. A combien d'hommes de ce temps-là, quelle que fût leur origine, s'appliquerait le jugement de Burckhardt sur Benvenuto Cellini : « Un homme qui peut tout, qui ose tout, et qui ne porte sa mesure qu'en lui-même [5] ! » Le pouvoir de l'individu n'a de limite que dans la force de son mérite, et la force de son mérite n'a de limite que dans la faveur ou dans l'hostilité de la fortune ; mais c'est précisément une grande part de son mérite que de savoir aider la faveur ou réduire l'hostilité de la fortune. L'État

1 Pier Desiderio Pasolini, *Caterina Sforza*, I, 16. — Nous laisserons autant que possible aux noms propres leur forme italienne, parce qu'il n'y a aucune raison de franciser les uns, de ne pas franciser les autres, qu'il faudrait alors les franciser tous, mais qu'il en est qui, outre ce qu'ils y perdent de couleur, y prennent un air trop étrange.
2 Pasolini, *Caterina Sforza*, I, 39-40.
3 Id., ibid., I, 40.
4 Pasquale Villari, *Niccoló Machiavelli e i suoi tempi*, illustrati con nuovi documenti, 3 vol. in-8°, Florence. 1877, Lemonnier, t. I, p. 12.
5 Jacob Burckhardt, *La civilisation en Italie au temps de la Renaissance*, traduction de M. Schmitt sur la secunde édition annotée par L. Geiger ; 2 vol. in-8°, 1885 ; Plon-Nourrit, t. II, p. 65.

Charles Benoist

italien, ou plutôt (le pluriel seul est juste) les États italiens du XIVe
et du XVe siècles étant sans cesse en mouvement, — à la différence
des autres États de la même époque, figés dans une immobilité
traditionnelle et mystique qui interdit presque toute révolution si
ce n'est de palais et empêche presque toute usurpation si ce n'est
en famille, — du nord au sud de la péninsule, et de l'est à l'ouest,
parmi cette multitude d'États foisonnant, pullulant, pourrissant,
se faisant, se défaisant, se refaisant, qui se remue le plus, et qui les
remue le plus, est le maître. N'importe quel condottiere devient
prince et n'importe qui devientcondottiere. Le conteur Sacchetti
se moque, dans une de ses nouvelles, de ce cordonnier qui, au lieu
de taire des souliers, voulait « enlever la terre à Messer Ridolfo
da Camerino [1] ». Mais il a tort de s'en moquer. Le premier des
Sforza, l'ancêtre, Muzzo ou Muzio Attendolo, était un paysan de
Colignola, noir et velu,[2] comme ses vingt frères. « Un soir de l'an
1382, il était en train de piocher tranquillement le champ paternel,
quand il entendit le son d'un fifre et d'un tambourin. C'étaient
quelques soldats de la compagnie de Boldrino da Panicale qui,
envoyés dans ces parages pour faire des recrues, s'ingéniaient à
rassembler les gens. Derrière, il vit certains de ses camarades, qui
s'étaient déjà enrôlés : « Eh ! Muzzo, lui crièrent-ils, fais-toi soldat,
viens avec nous chercher fortune. Courage ! Jette la pioche ! » Et
Muzzo lance la pioche sur un chêne, décidé, si elle retombe, à la
reprendre pour toujours ; si elle reste en haut, à se faire soldat.
La pioche resta, et Muzio, la nuit venue, vola un cheval à son
père, s'enfuit de Colignola, et rejoignit le campement [3]. » Là, il
commença par être *ragazzo*, garçon, à demi-page et à demi-valet,
d'un homme d'armes de Spolète, nommé le Scorruccio. Il n'en finit
pas moins grand connétable du royaume de Naples, et distingué
très personnellement par la reine Jeanne, après avoir servi quatre
papes et quatre rois. Son fils Francesco, quoique bâtard, doubla
l'étape et se fit duc de Milan. Pareillement, Carmagnola avait gardé
les vaches, Niccoló Piccinini avait été boucher. Qu'avaient été jadis
Broglia de Chieri, seigneur d'Assise, Biordo, seigneur de Pérouse,
l'anglais John Hawkood (*l'Acuto*) [4], et cet Alberigo Balbiano ou

---

1 Nouvelle XC, édit. Le Monnier, Florence, 1860-1861. Cf. Villari, *ouv. cité*, I, 12.
2 Cf. Ricordi di Massimo d'Azeglio. *Notes sur une visite à Genzano, II, p. 90.*
3 Pasolini. *ouv. cité*, I. 6.
4 Le nom est facile à retrouver sous son travestissement italien. Cf. Sacchetti

I. — COMMENT SE FAIT ET SE MAINTIENT LE PRINCE

da Barbiano, miroir et modèle des capitaines d'aventure ? C'est l'histoire de nos généraux de la Révolution et de l'Empire. Il semble que, dans les momens de crise, avec toutes leurs ambitions, tous leurs appétits, tous leurs besoins, et toutes leurs ressources, tous les Moi soient subitement lâchés, et que le plus fort l'emporte. Comment donc est-on le plus fort, et si le Prince peut être n'importe qui venant de n'importe où, par où en vient-il ?

Le cas de Muzio Attendolo est caractéristique, il est typique et vaut pour beaucoup d'autres. Parti à l'armée sur le cheval pris à son père, au bout de deux ans, il veut revoir Cotignola, mais il ne rêve plus que victoires, richesses et domination. Il est déjà l'espoir de la famille. « Sois donc homme d'armes, lui dit le patriarche aux vingt et un fils, retourne au camp et fais fortune. » Il repart avec quatre chevaux, à lui cette fois, qu'on lui achète en engageant une terre, et toute une maisonnée de parens. Noiraud et poilu au physique, il est, au moral, si violent qu'on ne l'appelle plus que d'un surnom : *le Sforza* ; il est avide, inquiet, hanté par la gloire et le bonheur des *condottieri* ses rivaux. Peu d'années après, on le retrouve au palais à Naples ; il est, pour la reine Jeanne, d'abord un très beau soldat, — *bellissimo soldato*, — puis quelque chose de plus, car « elle s'abandonnait, dans le pire désordre, aux déshonnêtes amours,[1] » enfin son conseiller pendant un certain temps seul écoulé, jusqu'à ce qu'il fût remplacé à l'oreille et dans le cœur de sa maîtresse par Pandolfo Alopo, qui le fit jeter en prison. Sa mort, au passage du fleuve Pescara, fut tout ensemble héroïque et tragique. Muzio Sforza avait, remarque un de ses biographes [2], une certaine fourberie paysanne, bien que, « inexpert des ruses et des cours, il tombât facilement dans les traquenards. » Mais, si on lui tend des pièges, lui aussi, il s'ingénie de son mieux à entendre. Dans sa chancellerie, il ne supporte que des frères « parce que, dit-il, ils sont faits tout exprès pour se fourrer (*ficcarsi*), pour espionner en tout lieu, et, qu'avec l'excuse de la religion, ils s'introduisent partout « *con libera e sempre impunita simulatione.* » Ce n'est pas qu'il n'ait point de sentimens pieux : il entend la messe tous les jours et il communie tous les ans. Plus souvent, « ce serait une hypocrisie, une maladresse. A quoi bon fatiguer Dieu par de

---

1 V. Simonetta, *Vita di Francesco Sforza*, I.
2 *Pasolini,* ouvr. cité, *1, 9.*

Charles Benoist

longues cérémonies ? De toute façon je dois mettre les mains dans le sang. Un condottiere de guerre ne peut maintenir une justice sévère. Si j'avais le gouvernement d'une cité, je me comporterais d'une tout autre sorte. » Quand il n'arrive pas à empêcher les excès de la soldatesque, il assure qu'il a en demande pardon à Dieu.[1] » Simulation, résignation au mal, y étant obligé, plus ou moins vrai, plus ou moins faux semblant de dévotion : voilà déjà deux ou trois traits de ce que sera le machiavélisme, et ceci ne nous en écarte pas, mais plutôt nous en rapproche encore, que, sans hésiter, Muzio Sforza mette, comme il le dit, les mains dans le sang, et qu'au besoin il les y mette par trahison. Mais ce n'est pas tout, et quoi de plus véritablement, de plus littéralement machiavélique que les conseils du vieux condottiere à son fils ? Ils sont transcrits à la lettre dans *le Prince* et dans les *Discours*. « Avez-vous trois ennemis, disait-il. Faites la paix avec le premier, une trêve avec le deuxième, et puis tombez de toutes vos forces sur le troisième et écrasez-le bien. » Ou, avant d'envoyer Francesco « faire fortune » à son tour : « Ne regardez pas la femme de votre ami ; ne battez personne, ou, si vous avez battu quelqu'un, apaisez-le et éloignez-le. » Machiavel ajoutera, ou à peu près : « Ne le blessez pas, tuez-le, » mais Muzio Sforza le pense et le fait. Il a une main de fer, même avec ses hommes. Quiconque vole des fourrages est traîné à la queue d'un cheval ; les traîtres sont pendus aux arbres de la route et laissés en pâture aux oiseaux. On trouve en lui, près d'un siècle à l'avance, toutes ces traces de machiavélisme, et pourtant ce n'est guère un machiavéliste selon le portrait ou le poncif consacré. Bien que de « figure et visage très terrible et sombre à regarder, »[2] il n'a pas la mine fermée, les yeux clos et la bouche scellée : il n'égare pas son adversaire dans le dédale de sa pensée, il ne le noie pas dans l'abîme de ses combinaisons. Il fonce dessus tête basse, et ne connaît guère d'autre mouvement. Il est d'action, bien plus que de conseil. Dans la chaleur du combat, il perd la raison. Criblé de coups, ruisselant de sang, il s'obstine à frapper ; et ses soldats, pour le sauver, sont obligés de le tirer en arrière, eux-mêmes maugréant et grognant contre sa « folle bestialité. »

Le fils, Francesco Attendolo, ressemble à son père : « Oh ! Sforza,

1 Paolo Giovio, *La vita di Sforza* (tradotta per M. Lodovico Domenichi) ; Venise, 1538, ch., 58, 60, etc..
2 Pasolini d'après Giovio, *ouvr, cité*, I, p. 12.

I. — COMMENT SE FAIT ET SE MAINTIENT LE PRINCE

Sforza, s'écrie la reine de Naples, en sanglotant, dès qu'elle l'aperçoit,
oh ! que du moins ton nom demeure ! Tu seras Francesco Sforza :
que ce soit le nom de les frères et de tes fils ! » Mais le type s'affine :
L'allure rustique, l'aspect à demi-paysan (*mezzo contadino*) dont
Muzio n'avait pu se défaire, disparaît. Et le Prince s'affirme. Il
marche environné de prestige, presque de majesté : c'est le parangon
de toute *virtù* militaire. » Plusieurs fois les ennemis eussent pu le
faire prisonnier, mais, à sa vue,... spontanément ils avaient jeté
les armes, et l'avaient salué, le front découvert, parce que chacun
reconnaissait en lui le père commun de tous les soldats.[1] » L'esprit
de Francesco Sforza est constamment tendu vers la couronne. Il se
fraye la voie par ses mérites et par ses artifices, dont le premier est
un mariage princier avec Bianca Maria Visconti, fille de Filippo
Maria, duc de Milan, dernier de sa race. La mort de ce duc le
surprend en Romagne, chez les Attendoli, sur la terre maternelle, à
Cotignola. Il part aussitôt avec quatre mille chevaux et deux mille
fantassins, afin de se saisir de Crémone, donnée en dot à sa femme.
Bianca Maria a pour mère, non la veuve du duc, Maria di Savoia,
mais sa favorite, Agnese del Maino, car elle aussi est illégitime,
comme Francesco Sforza, et, bien que princier, c'est un mariage de
bâtards. La veuve en appelle à sa famille, la maison de Savoie ; la
fille à son mari, l'heureux condottiere. Celui-ci s'avance, annonçant
qu'il va rejeter les ducs de Savoie par-delà les Alpes et enrichir ses
gens des dépouilles du Piémont. Que des soldats ou des sujets du
duc lui tombent aux mains, il refuse de les traiter « suivant l'usage
d'Italie » (*ad uso d'Italia*), mais il les malmène, les rançonne ou les
met à mort. Il n'a pour la duchesse veuve que des sarcasmes et des
réponses déshonnêtes (*beffe e disoneste risposte*).[2] Le maréchal de
Piémont écrit au pape Félix V (Amédée VIII de Savoie, père de
Maria) qu'on ne peut s'arranger avec lui, que c'est un homme sans
foi.[3] Tel se montre Francesco avant la victoire, pendant les trente
mois du siège, et jusqu'à ce que la famine lui ouvre les portes de la
ville. Dans le succès, il n'est plus le même. Aucune dureté, aucune
morgue, aucune hauteur ; « il s'unit à la joie du peuple, il salue par
leur nom les amis, les connaissances faites depuis son premier âge ;

---

1 Pasolini, d'après Corio. *ouv. cité*, I. 15.
2 D'après une note écrite par Antonio Bolomyer, secrétaire intime du feu duc, le 28
février 1449. — Voyez *Antonio Casati,* Milano e i principi di Savoia. *page 34.*
3 Lettre du 15 avril 1449. — Casati, *ouv. et passage cités.*

Charles Benoist

il ordonne aux soldats de se laisser dévaliser par la foule affamée qui se jette avidement sur leur pain. » Les Milanais ont préparé pour son entrée un char triomphal et un baldaquin de loi le d'or : il n'en veut pas et remercie en disant « qu'il se rend à l'église pour faire hommage au maître de l'univers devant qui tous les hommes sont égaux, et que de pareils honneurs sont des superstitions des rois. » Cela ne l'empêche pas de se laisser, sans descendre de son cheval, tant une multitude enthousiaste le presse en l'acclamant, porter en quelque sorte sur les bras et sur les épaules jusque dans le dôme. Faut-il voir là les faux semblans de la religion et de la modestie ?

Certaines contradictions dans la psychologie de ce second Sforza peuvent le faire croire. Enclin à la colère, il se reprenait tout de suite et se retenait ; si, en paroles ou autrement, il lui semblait avoir offensé quelqu'un, il l'adoucissait promptement et spontanément par un bienfait, — fidèle en cela au conseil de Muzio. Outragé ou injurié, il dédaigna souvent de se venger. Sa pierre tombale eût pu dire de lui qu'il fut bon époux, bon père et même bon gendre, encore qu'il eût dix enfans naturels ; et il passa pour doux, humain, incapable de manquer à la foi jurée, encore que l'on connût de lui des actes rigoureux, violens, et quelques-uns vraiment perfides. Etait-ce la comparaison, à son avantage, de sa personne et de son temps, si dissolu et si cruel ? Etait-ce encore les faux semblans machiavéliques, les autres, ceux de la possession de soi, de la justice, de la loyauté, de la continence, autant d'apparences de vertus machiavéliquement plus nécessaires que ces vertus mêmes ? Au total, il parait bien qu'il n'ait pas eu, qu'il se soit surveillé pour ne pas avoir de vices « susceptibles de lui faire perdre l'État, » et qu'il ait eu, au contraire, des qualités susceptibles de le lui faire acquérir et conserver ; d'abord, cette qualité, — la première de toutes chez un prince, — d'être prince, je veux dire d'être princier. Il le fut, même aux yeux d'un Pape comme Pie II, qui, l'ayant vu au congrès des princes à Mantoue, en 1459, écrit de lui qu'à près de soixante ans, « il chevauchait comme un jeune homme : haute taille, aspect imposant, physionomie sérieuse, parler toujours calme et affable, — véritable maintien de prince. » *Bellissimo soldato*, lui aussi, et bien plus cultivé, plus délicat que son père ; « invincible à la tête d'une armée, mais, par surcroit, incomparable pour l'organisation d'une fête ; délice de la bonne société, âme des divertissemens si chers aux Milanais,[1] » joie des heureux, refuge des malheureux, accessible à tous, attentif à tout ce qui sert sa popularité, sans cesse par les rues en visite d'églises, d'hôpitaux, de bâtisses nouvelles, connu de tous, salué par tous et rendant leur salut à tous, appelant par leur nom, — comme il l'avait fait dès le jour de son entrée solennelle, — tous les passans, citadins ou soldats, et sachant, (quoi de plus flatteur pour un homme d'armes ?) non seulement le nom de l'homme, mais le nom du cheval. En outre, libéral, généreux, tenant table et maison ouverte ; pendant qu'il dîne, le premier venu peut l'aborder ; courtois, bonhomme, d'une patience inlassable, il écoute les longues histoires de misère et accueille les continuelles demandes de secours. C'est en quoi peut-être il manque au machiavélisme : il se livre trop, se donne trop ou se prête trop, il ne se méfie pas assez. Dans son ascension au trône ducal et dans l'exercice de son principat, il est du reste puissamment aidé par sa femme, Bianca Maria Visconti, qu'il a épousée à quarante ans, elle n'en ayant que dix-sept : « Grande, bien faite, majestueuse, gaie opportunément avec un doux et chaste rire, mais de gravité révérende, » écrit un ancien auteur.[2] Il l'associe à son gouvernement, et elle s'associe à ses travaux guerriers. Si elle ne vit pas au camp, parmi les soldats, c'est pour sa réputation, par peur des mauvaises langues. Mais elle n'a point d'autre peur. Tandis que son mari est occupé ailleurs, elle va seule, en tête des troupes, se faire rendre les châteaux perdus. Quand son mari se décourage, elle le réconforte, elle le conseille, elle lui montre où il doit mettre le canon : « Ma femme, dit-il, vaut toute une armée. » Au besoin, elle prouve la force de son bras, comme à Crémone, où elle tue d'un coup de lance dans la bouche un Vénitien qui du haut d'un pont criait « Marco ! Marco ! » Elle est pour tous « *la valorosa donna*, » — et il y a, dans l'expression ou dans le rythme de la phrase, on ne sait quoi de poétique, de lyrique ou d'épique, — « *a cavallo in fra li armati*. » Mais elle sait se faire aimer et donner du cœur aux irrésolus : il lui suffit de se faire voir et de se faire entendre. Jamais elle n'oublie, et elle en tire une part de la confiance qui l'anime et dont elle anime les autres, qu'elle est fille de Visconti. Elle est habile et constante. Au plus dur du siège de Milan, lorsque les habitans se voient réduits à cette extrémité

1 Verri, *Storia di Milano*, t. II, liv. XVII.
2 Joanne Sabadino de li Arienti, *Gynerera de le clare donne*.

Charles Benoist

que le blé coûte soixante ducats le muid, Bianca Maria remplit la ville d'émissaires et de lettres secrètes : « Bienheureux, promet-elle aux affamés, si vous nous appelez, moi et mon mari : plus que pour duc, vous l'aurez pour père et pour frère. » Elle est clémente, simple, charitable, généreuse, prodigue de pensions aux vétérans et de dots aux filles pauvres ; sobre et austère comme une nonne, priant, jeûnant, et tourmentant sa chair en habit de pénitence, bien qu'elle fût à l'ordinaire, dans son vêtement et sa parure, la femme la plus élégante de son temps ; allant, pieds nus, la nuit, au mois de novembre, faire ses dévotions à l'église Sainte-Marie de l'hôpital nouveau et à celle de Sainte-Marie de Saint-Celse hors les murs. Mais toujours, même alors, sous le cilice et la bure et sans les riches anneaux qui tantôt chargeaient et demain chargeront ses « belles et blanches mains, » elle reste duchesse et princesse jusqu'au bout des doigts. Les Sforza, et Francesco lui-même quoique moins rude que son père, sont de trop récens parvenus : ils n'ont pas été « élevés, » surtout élevés pour faire des princes ; — mais elle l'a été, elle, et, par elle, ses fils le seront. On lui en a assez appris, dans sa jeunesse, à Abbiategrasso, pour qu'elle les fasse disserter en latin sur cet argument : « En quelle forme, selon quelles règles et par quels moyens (*artifici*) se font les traités entre les princes ». Dès que le duc, déjà malade d'hydropisie, semble en danger, elle se rappelle qu'il manque à la seigneurie des Sforza la sanction impériale, et elle fait revenir « *volando* » Galeazzo son fils qui guerroie en Dauphiné. Francesco mort, plus morte que vive, elle aussi, mais sans larmes, elle le garde jusqu'à ce que la putréfaction commencée oblige à transporter le cadavre dans la cour où l'on va faire sa toilette solennelle. Quand on ceint l'épée : « Oh ! épée, s'écrie-telle, qui fus si crainte, si heureuse, où laisses-tu maintenant porter ton maître ! » Et quand on attache les éperons : « Oh ! quantes et quantes fois vous avez piqué de puissans chevaux, en paix, * en guerre, dans les fêtes et dans les triomphes ! Maintenant il ne vous emploiera plus. Il doit rester immobile pour l'éternité. Ah ! malheureuse, moi qui, pendant que tu étais encore en vie, t'ai quelquefois contrarié et n'ai pas consenti à tout ce qui t'aurait plu ! Oh ! quelle douleur est à présent la mienne de t'avoir été importune ! Mais non, je ne le faisais pas pour moi, mais seulement parce que je te voulais en bonne santé, toujours, pour toujours !... O femmes, pour l'amour

I. — COMMENT SE FAIT ET SE MAINTIENT LE PRINCE

de Dieu, ne contrariez pas vos maris ! Si vous pouviez sentir le déchirement que j'éprouve à cette heure en me souvenant d'avoir parfois contrarié mon seigneur, oh ! certainement aucune de vous ne voudrait être jamais qu'aimable et complaisante en toute chose à son mari !… Pardonne-moi si je t'ai contrarié, je prierai, je ferai prier tant de bonnes âmes, pour que Dieu te pardonne tout, et reçoive ton âme en paix ! »

Si je transcris ici cette longue déploration funèbre, ce n'est pas seulement à cause de son accent et de son éloquence : Bianca Maria y pleure plus amèrement que pour la perte d'un époux même très aimé, même adoré ; et peut-être est-ce le remords qui y pleure. Ce motif qui revient sans cesse : « Pardonne-moi de t'avoir contrarié, » monte à la fois, peut-être, du cœur et de la conscience. En se repentant, avec cette insistance véhémente, de n'avoir pas complu en toute chose à son mari, elle pensait peut-être à la triste aventure de sa jeune suivante Perpétua, séduite par le duc et qui en avait eu un fils. On lui avait d'office trouvé un mari, et la cérémonie était fixée, quand, le jour même des noces, la demoiselle fut enlevée et conduite de vive force dans un château. Nul ne la revit jamais plus. Le bruit courut que la duchesse, ayant tout appris, l'avait fait prendre et tuer par ses sbires. Sur quoi l'un des derniers biographes des Sforza remarque : « Dans les fortes natures de ce siècle, tout contraste était possible. D'admirables, en un instant, toutes pouvaient devenir terribles. » L'épithète de *fort* et de *forte* est en effet la seule qui convienne. Ce sont de *fortes* natures, des hommes *forts* et des femmes *fortes*. Voici venir la *virago*, la femme forte, la femme *virile*, celle qui a la *virtù* de l'homme et de l'homme *fort*, celle dont c'est faire l'éloge, sans y mêler rien de désobligeant, que de l'appeler ainsi, et qui, tout en étant presque un homme, peut être néanmoins très femme, et joindre, en l'occasion, à toute la force de l'homme fort, toutes les faiblesses de la plus faible des femmes. Elle se dessine en Bianca Maria, comme en sa tante par alliance Margherita Attendolo, comme en bien d'autres, Maria di Pozzuoli, Cia degli Ordelaffi, Bartolommea Orsini, en attendant qu'elle s'achève et pour ainsi dire se sculpte, ainsi que dans le marbre ou le bronze, en Caterina Sforza, la petite-fille de Francesco.

Justement, le mari de Caterina est Girolamo Riario, vicomte

de Forli et d'Imola. Neveu du pape Sixte IV (Francesco della Rovere de Savone, dit Francesco da Savona), sa naissance est au moins obscure. « Homme de très basse et vile condition, » ainsi parlent du pape lui-même Machiavel et les contemporains, si plus tard des historiens de cour doivent s'ingéniera lui fabriquer une généalogie. Toutes les généalogies du monde ne peuvent faire que le père de Francesco n'ait été un pauvre pêcheur, Leonardo Rovere, et sa mère, une pauvre femme, Lucchesina Mugnone. Quoi qu'il en soit d'ailleurs, l'étoile de la famille est, avec Sixte IV, en ascension droite. De ses quinze neveux, deux sont cardinaux : Giuliano, évêque de Carpentras (le futur pape Jules II) et un franciscain de vingt-cinq ans, Pietro Riario, qui sera tour à tour ou cumulativement évêque de Trévise, patriarche de Constantinople, archevêque de Florence, Séville et Mende, plus riche à lui seul que tout le Sacré Collège. Or, comme le père du pape était un pauvre pêcheur, le père de l'opulent et fastueux cardinal de Saint-Sixte était un pauvre artisan de Savone, cordonnier ou savetier. Pietro Riario avait un frère, Girolamo, — et tous les deux passaient, — comment indiquer cela sans scandale ? — pour être plus chers au pape que ne le sont les plus chers neveux. Girolamo était le pire. Inculte, violent, « rude et sauvage nature d'homme, » il avait commencé par être, selon les uns, écrivain, gratte-papier au bureau de la gabelle ; selon les autres, épicier. Jamais, quelque honneur qu'on lui en promît, on n'avait pu le décider à entrer dans les ordres. Le pape, le voyant tranchant, impétueux, le crut né pour le commandement, et, ne pouvant en faire du premier coup un prince, en fit « le support, le pivot du principat civil de l'Eglise [1]: » capitaine général de l'armée pontificale et gouverneur du château Saint-Ange, avec toutes facilités pour mettre le Trésor au pillage et Rome en coupe réglée : un petit César Borgia avant Alexandre VI. Girolamo Riario a la main, sinon dans la conjuration des Pazzi, qui allait aboutir à la tragédie de Santa Reparata de Florence le 26 avril 1478, au moins dans les intrigues qui la précèdent et la préparent, parce qu'il craint, tant que vivra Laurent de Médicis, de ne tenir qu'en possession précaire Imola qu'il s'est fait donner malgré celui-ci. La trame s'ourdit au Vatican, et Sixte IV y aide, quoiqu'il ne décide pas tout, et qu'on le consulte moins pour savoir s'il approuve « avant » que pour savoir si, « après », il pardonnera. Il se joue là une scène,

1 Pasolini, *ouv. cité*, I, 91.

I. — COMMENT SE FAIT ET SE MAINTIENT LE PRINCE

que nous connaissons par la « confession » d'un des interlocuteurs, Giovan Ratlista da Monte-secco, décapité le lendemain du jour où il fit ces aveux, et qui respire le machiavélisme le plus authentique. « Sa Sainteté me dit qu'elle voudrait qu'il s'en ensuivît la mutation de l'Etat, mais sans la mort de personne. Et, comme je lui dis, en présence du comte Girolamo et de l'archevêque (Francesco Salviati) : « Saint Père, ces choses pourront peut-être mal se faire sans la mort de Laurent et de Julien, et peut-être des autres ; » Sa Sainteté me dit : « Je ne veux la mort de personne pour rien,[1] parce que ce n'est pas notre office de consentir à la mort de personne ; et, bien que Lorenzo soit un vilain, et qu'il se conduise mal envers nous, pourtant je ne voudrais sa mort pour rien, mais la mutation de l'Etat, oui. » Et le comte répondit : « On fera tout ce qui se pourra pour que cela n'arrive pas ; pourtant, si cela arrivait, Votre Sainteté pardonnerait bien a qui l'aurait fait. » Le Pape répondit au comte et lui dit : « Tu es une bête ; je te dis : je ne veux la mort de personne, mais la mutation de l'État, oui. Et ainsi je te dis, Giovanbaptista, je désire beaucoup que l'État de Florence soit changé, et ôté des mains de Lorenzo, qui est un vilain et un mauvais homme, et ne fait pas estime de nous : pourvu qu'il fût hors de Florence, lui, nous ferions de cette République ce que nous voudrions, et ce serait pour nous grandement à propos. » Le comte et l'archevêque qui étaient présens dirent : « Votre Sainteté dit vrai, que, quand vous aurez Florence à votre discrétion et quand vous en pourrez disposer, comme vous le pourrez si elle est aux mains de ceux-ci, Votre Sainteté fera la loi à la moitié de l'Italie, et tout un chacun aura pour cher d'être votre ami ; ainsi donc consentez que toute chose se fasse pour en venir à cet effet ». Sa Sainteté dit : « Je te dis que je ne veux pas : — allez, et faites comme il vous paraît bon, pourvu qu'il n'intervienne pas de mort. » Là-dessus, les trois conspirateurs se retirent dans la chambre de Girolamo, discutent encore, et concluent que la chose, — c'est-à-dire « la mutation de l'État de Florence, » — que le Pape veut plus que tout, ne peut se faire sans la mort de Laurent de Médicis et de son frère, dont il ne veut pour rien. Giovanbaptista a des scrupules, ou, après coup, mis à la question, il prétendra en avoir eu ; mais le comte et

1 A aucun prix. Mais il importe de ne pas faire disparaître dans la traduction une équivoque qui est peut-Cire intentionnellement dans le texte et qui résulte de la place des mots et de l'affirmation insistante : « *mais la mutation de l'État, oui.* »

Charles Benoist

l'archevêque « répondirent que les grandes choses ne se pouvaient faire autrement, » et, pour le prouver, alléguèrent toute sorte d'exemples qu'il serait long de rapporter... Trente-cinq ans avant le *Prince*, c'est, — y compris l'axiome final, — toute la matière d'un chapitre du *Prince*.

Mais ce chapitre n'est pas le seul, et Girolamo Riario, si médiocre et pauvre sire qu'il soit en somme, pourrait fournir de la matière pour plusieurs. Préoccupé au degré où il l'est, c'est-à-dire obsédé de l'idée de s'assurer définitivement Imola, envers et contre les Médicis qu'il sent hostiles à son établissement en Romagne, il recourt aux grands moyens, à ceux que, dans l'avenir, on qualifiera couramment de machiavéliques. Il imagine toute une histoire, échafaude toute une intrigue. Girolamo expédie à Florence un prêtre d'Imola, stylé et soldé par lui, avec mission de feindre contre lui-même, Girolamo, une haine violente et de se déclarer prêt à l'empoisonner, si seulement Laurent de Médicis l'assiste et lui procure le poison. Puis, dès qu'il le tiendrait, Girolamo se présenterait au Pape en consistoire, exhiberait la fiole, affirmerait que Laurent a voulu le faire mourir, ce que le prêtre jurerait, au prix de la charge de custode d'une des portes d'Imola. La combinaison s'effondra, parce que les Florentins, qui, avec les Vénitiens, étaient bien les hommes du monde le plus sur leurs gardes, toujours aux aguets, toujours aux écoutes, l'éventèrent à temps, et parce qu'à peine arrivé à Florence, ce prêtre vraiment trop complaisant fut arrêté, mis à la torture, et parla plus qu'il n'eût convenu. — Mais le moyen lui-même ne fut pas usé, et n'est-ce point comme un retour des chosas d'ici-bas de voir qu'Alexandre VI s'en servira, à son heure, ou plutôt à l'heure de son fils César, contre la propre femme de Girolamo, Caterina Sforza, et tout justement pour expliquer, par une accusation de tentative d'empoisonnement, l'usurpation sur elle de Forli et de cette Imola que les Riari, — au moins Girolamo, car Catherine était alors très jeune, elle n'avait que seize ans, — n'avaient pas craint d'acheter par une accusation, plus que fausse et calomnieuse, de tentative d'empoisonnement ?

Girolamo pourtant ne se lasse pas : si le poison le trahit, que le poignard lui vienne en aide : à lui, la mutation de l'État de Florence, sans la mort de Lorenzo, ne suffit pas, comme au pape Sixte IV, parce qu'il n'est pas le Pape et qu'il veut être prince temporel, assis en sa principauté. Mais ou il est maladroit ou il y va de malchance ; ou il n'est pas « connaisseur de l'occasion » ou il n'est pas « favori de la Fortune. » Un second coup laborieusement monté est paré comme le premier, échoue comme lui. Il doit se résigner à ne tenir ses deux villes qu'au jour le jour, et, pour s'y maintenir de jour en jour, a les contenir, à les reconquérir ou les réacquérir chaque jour. Perpétuel qui-vive, lutte sans répit où la force et l'astuce se mélangent en proportions variables suivant les momens et les circonstances ; où ce sont deux armes égales ; où, alternativement, le lion fait le renard et le renard lait le lion, s'il n'était d'ailleurs tout à fait excessif de dire de Girolamo Riario ce qu'il sera encore exagéré de dire de César Borgia, et s'il pouvait vraiment faire le lion, dont il n'a ni la dent, ni la griffe, ni le mufle, ni la crinière.

Mais ce n'est pas la volonté qui lui en manque. Il est parfois dans le même acte et presque dans la même minute impitoyable et pieux. Une conjuration éclate à Forli, en octobre 1480. Deux prêtres et deux serviteurs du châtelain décident de s'emparer de *la rocca* (du donjon, de la forteresse) et de la remettre aux Ordelaffi. Mais un autre prêtre, qui sait tout, prévient le gouverneur, qui prévient le comte. Girolamo exile les deux prêtres dans la Marche, puis il les libère. Les deux autres coupables, qui étaient le père et le fils, sont pendus. Un mois après, seconde conjuration, toujours au bénéfice des Ordelaffi. Cette fois on vit cinq cadavres se balancer aux fenêtres du palais. En outre, trois accusés furent bannis, mais le comte, fidèle à sa politique, ne tarda pas à leur faire grâce. Il ne fit pas grâce, croit-on, à Roberto Malatesta, seigneur de Rimini et capitaine des Vénitiens, dont il enviait la gloire et les talens militaires. Particulièrement jaloux de la victoire de Campo Morto, on l'accusa du moins de bien connaître les causes de la dysenterie suspecte qui, en quelques semaines, emporta Roberto. Quant à Andréa Chelini, dont tout le crime était d'avoir donné un conseil, et un bon conseil, lui aussi mourut prématurément, d'une mort que le chagrin n'explique peut-être pas assez. Magnifique et accoutumé à dépenser à pleines mains, bien qu'il puisât dans les coffres de l'Église, il dut tomber en une fiscalité qui se tourna vite en un système d'exactions effrontées. Biens des couvens et des particuliers, terres laïques et ecclésiastiques, revenus de la cité et de la vicomte, maisons, chapelles, missels, reliques, ornemens, vases sacrés, tout lui fut bon : il fit argent de tout. A Rome, il rançonne impartialement auditeurs de robe, scribes apostoliques, stradiotes : trois mille ducats par ci, mille par là. C'est son prix, prix de faveur, mille ducats, pour les bourses et les emplois modestes, mais il ne souffre pas qu'on ose discuter. « Ah ! vous ne les avez pas ? dit-il aux obligés qui réclament du temps. Eh bien ! que, moi, je les aie demain, ou ce sera douze cents. » A peine son escarcelle est-elle remplie qu'il s'en va jouer aux dés avec son compagnon de fête, Virginio Orsini, jusque sur les autels de Saint-Jean-de-Latran, ou dans la sacristie, à califourchon sur une châsse. Il abusa tant à la fin, soit à Rome, soit en Romagne, que de bons bourgeois de Forli, parmi les meilleures familles, se mirent d'accord ; « *Meglio cite noi le facciamo a lui, che lui a noi*, mieux vaut le lui faire, qu'il ne nous le fasse, » et résolurent de s'en débarrasser, ce qu'ils exécutèrent. Il finit mal, et, à en juger selon les règles du machiavélisme, par sa faute : bon machiavéliste, en ce qu'il sut à la fois punir et pardonner, montrer de la sévérité et de la clémence ; mauvais, en ce qu'il commit ses cruautés non seulement au commencement de son règne, mais pendant tout son règne, et qu'il alla en les redoublant ; mauvais encore en ce que, malgré des intermittences, des accès ou des feintes de vertu publique et privée, il eut trop de vices, et de ces vices qui font perdre au prince son État. — Mais « déjà Tacite est né dans l'Empire ; » je veux dire que déjà Machiavel est là qui observe, s'il est permis de comparer à l'historien amer et ému des Césars cet homme qui ne s'émeut jamais, qui ne s'indigne jamais, qui n'en appelle jamais à la conscience humaine, et qui ne retient que pour le mettre en formules ce qu'il voit ou ce qu'on a vu. Il mettra donc en formules les Sforza, les Riario, les Castruccio Castracani, tous les tyrans de Milan, d'Imola et de Lucques ; tous ceux de Vérone, de Padoue, de Sienne, de Rimini, de Cesena ; tous ces rejetons, toutes ces pousses vénéneuses,[1] dont les terres d'Italie foisonnent :

Tra 'l Po, e 'l monte, e la marina,e 'l Reno ;

« ces rustres, devenus des Marcellus, en se faisant chefs de partis [2] ; » ce forgeron de Bologne, Lambertaccio, qui faillit

1 *Che dentro a questi termini è ripieno*

Di venenosi sterpi…

(*Purgatorio*, XIV.)

2 *Che le terre d'Italia tulle piene*

I. — COMMENT SE FAIT ET SE MAINTIENT LE PRINCE

s'emparer de la seigneurie ; ce Bernardin di Fosco, de Faenza ; « noble rameau d'un ignoble chiendenl ; » tous ces aventuriers qui arrachent à Messer Guido del Duca da Brettinoro, s'entretenant avec Dante dans le Purgatoire, des larmes et des cris : « Où sont le bon Lizio, et Arrigo Manardi, Pier Traversaro, et Guido di Carpigna ? O Romagnols abâtardis !… Ne t'étonne pas si je pleure, Toscan, quand je me rappelle, avec Guido da Prata, Ugolin d'Azzo qui vécut chez vous, Federigo Tignoso et les siens, la maison des Traversari, les Anastagi,… les dames, les cavaliers, les fatigues, et les aises ; alors on ne rêvait qu'amour et courtoisie, là où les cœurs sont maintenant si mauvais… Bagnacaval fait bien, qui n'a pas de fils, et Castrocaro fait mal, et Conio fait pis qui se mêle d'engendrer de pareils comtes.[1] » Les Varano de Camerino, Gian di Fogliano et Oliverotto da Fermo, Giovanni de la Rovere de Sinigaglia, les Montefeltro d'Urbin et d'Agobbio, les Baglioni de Pérouse, les Vitelli de Città di Castello, Giovanni Sforza de Pesaro, les Malatesta, les da Polenta, les Manfredi, les Bentivogli, les Este, tous sont pour Machiavel des modèles, des sujets pour son objet. De petits modèles, mais il va en avoir de grands, et il va les voir

---

Son di tiranni ; e un Marcel direnta

Ogni villan, che parteggiando viene.

(*Purgatorio*, VI.)

1   *Ov' è 'l buon Lizio, e Arrigo Manardi,*
Pier Traversaro, e Guido di Carpigna
O Romagnuoli tornati in bastardi !
Quando in Bologna un fabbro si ralligna
Quando 'n Faensa un Bernardin di Fosco
Verga gentil di picciola gramigna.
Non li maravigliar, s'io piango, Tosco,
Quando rimembro con Guido da Prata
Ugolin d'Azzo, che vivette vosco,
Federigo Tignoso, e sua brigata,
La casa Traversara, e gli Anastagi,
(E l'una gente, e l'altra è diretata) ;
Le donne, e i cavalier, gli affanni, e gli agi,
Che ne 'nvogliava amore e cortesia
Là dore i cuor son fatti si malvagi.
Ben fa Bagnacaval, che non rifiglia ;
E mal fa Castrocaro, e peggio Conio,
Che di figliar tai Conti più s'impiglia.
(*Purgatorio*, XIV.)

Charles Benoist

de tout près ; deux surtout, une femme et un homme, ou plutôt une *virago* et un *prince*, deux beaux exemplaires de *virtù*, réduite où il la réduit, où la réduit avant lui, avec lui, après lui, toute l'Italie de la Renaissance : Catherine Sforza, et César Borgia.

II. — COMMENT S'AGRANDIT ET SE RUINE LE PRINCE. CATHERINE SFORZA. « PRÉSAGE DE CÉSAR. »

Machiavel eut une occasion toute spéciale de connaître de près et chez eux, les uns après les autres, plusieurs *condottieri*, tyrans ou princes : Jacopo IV d'Appiano, seigneur de Piombino, Giangiacomo Trivulzio, Pandolfo Petrucci, seigneur de Sienne, Giovanni Bentivoglio, seigneur de Bologne, Gianpaolo Baglioni de Pérouse, le marquis de Mantoue, Luciano Grimaldi de Monaco, Vitellozzo Vitelli, Oliverotto da Fermo, les Orsini, — le seigneur Pagolo et le duc de Gravina ; — à Florence même, Pier Soderini et les Médicis ; à Rome, des papes, des cardinaux ; hors d'Italie, le roi de France, l'empereur Maximilien d'Allemagne. Il fut envoyé, en 1499, à « Madonna, » à Catherine Sforza, comtesse de Forli, et, en 1502, à César Borgia, duc de Valentinois, dans les Romagnes, quand déjà il avait tout lu et déjà il savait tant voir. Soit par l'étude de l'histoire, soit par la pratique des affaires, dans les graves leçons de l'antiquité romaine ou dans la subtile atmosphère de son pays et de son temps, il avait appris, et chaque jour davantage il apprenait, en démontant pièce à pièce le ressort des âmes et des esprits, à faire jouer la mécanique politique. Il ne lui fallait plus, pour que son génie emplît toute sa mesure, pour qu'il osât aller jusqu'au bout de lui-même, que rencontrer des âmes et des esprits un peu extraordinaires. Il fallait seulement que sa destinée, ou, comme il eût dit, « la Fortune, » l'adressât à Catherine et, bien plus encore, à César.

I

Dans le ménage des Riari, s'il y avait un homme, par la hardiesse, l'ampleur et la fermeté des desseins, par la tension de la volonté, par la continuité de l'ambition, par la suite énergique de l'action, c'était moins l'homme que la femme, Girolamo moins que Catherine. Des deux, l'être le plus viril, en qui résidait le plus de *virtù*, c'était cette *virago* presque *vir*, celle que l'on s'est toujours accordé à saluer *donna di gran mente e di virili propositi*.[1] Mais, en même temps que par le courage elle est la plus virile des femmes, elle en reste la plus féminine par la grâce et par la beauté. Si plus tard les médailles, qui exigent un relief plus ferme et des lignes sculpturales, lui prêtent un profil romain, elle a, vers la dix-huitième année, sur le tableau du musée de Forlì, attribué à Marco Palmeggiani, les traits comme enveloppés d'une douceur angélique, quasi divine, et que dément à peine la fixité du regard plongeant droit. Un visage raphaélite avant Raphaël ; mais une âme machiavélique avant Machiavel, ou du moins avant la notation par Machiavel des formules machiavéliques. C'est à ce moment même, vers sa dix-huitième année, que les historiens de Catherine découvrent en elle « la première pointe de sa pénétration politique, » la première marque « de son caractère fort. » Elle sait que Laurent de Médicis en veut mortellement à son mari, et qu'il a de bonnes raisons de lui en vouloir. Elle, sans doute, elle aime Girolamo, il ne faut pas dire, en parlant d'elle, de toutes ses forces, mais de toute la force de sa seule faiblesse, la faiblesse de sa chair, d'où lui viennent ses plus grandes épreuves et ses plus grandes misères, car elle inspire trop l'amour pour pouvoir jamais fuir l'amour :

Amor, ch'a null' amato amar perdona.[2]

Mais elle s'aime encore mieux elle-même, et, en elle-même, elle aime encore mieux sa race, sa famille, sa maison, leur commune grandeur, la Fortune. Et, dès l'instant où elle est sûre que la vengeance de Laurent cherche son chemin jusqu'à Girolamo, tout en défendant fidèlement, vaillamment, son mari, elle commence à laisser entendre qu'elle en est, au fond, politiquement séparée. Il est Riario, mais elle est Sforza ; et les Médicis, ou ce Médicis, peuvent bien être les ennemis du comte de Forlì et d'Imola, mais ils sont les amis des ducs de Milan, Galeazzo Maria et Ludovic le More,

---

1 *Le legazioni e commissarie di Niccoló Machiavelli*, riscontrate sugli originali ed accresciute di nuovi documenti per cura di L. Passerini e G. Milanesi. Legazione II. A Caterina Sforza Kiario reggente la signoria di Forlì per il figliuolo. — Notice des éditeurs ; volume I, p. 5.
2 Dante, *Inferno*, ch. V.

auxquels elle tient presque d'aussi près qu'elle tient à Girolamo. Si donc Girolamo doit disparaître, que Laurent voie en elle, non pas la veuve de son adversaire, mais la fille et la nièce de ses alliés. « De là, chez Catherine, a-t-on remarqué, une espèce de duplicité mystérieuse qui en vint dans la suite jusqu'à la faire soupçonner d'avoir été complice de l'assassinat de son mari.[1] » Il serait excessif d'en conclure que pour conserver une mère à ses enfans, elle sacrifie ou fait sacrifier leur père, mais elle laisse opposer, elle oppose leur mère à leur père pour leur conserver l'Etat. Or, tout pour conserver l'État, c'est la règle première du machiavélisme.

Tout, et non seulement la duplicité, le double jeu, mais le grand jeu, le meurtre. Le châtelain de la *rocca* de Ravaldino à Forli était un certain Melchiorre Zocchejo de Savone, « très mauvais homme, autrefois corsaire de mer, et féroce contre les pauvres chrétiens, » qu'il tuait, dépouillait, mettait aux rames, noyait à sa fantaisie. La Fortune, dit le chroniqueur Cobelli, — décidément c'est la déesse des Italiens de ce temps-là, — la Fortune lui avait donné le temps de se repentir, mais il ne s'était jamais repenti. « Jamais il ne se confessa. Grand blasphémateur de Dieu et des Saints, et autres péchés en lui secrets : suffit. Et c'est pourquoi le péché le conduisit à une vilaine mort, à mourir dans la *rocca* de Forli de male mort.[2] » Girolamo l'avait nommé, parce que Melchiorre était son compatriote, et il n'osait le destituer, parce que l'ancien corsaire était son créancier. Mais il le haïssait, et Catherine ne le pouvait souffrir. Une nuit donc, la comtesse, quittant son mari toujours malade à Imola, monta à cheval, courut à Forli, s'approcha de la *rocca* et appela le châtelain. « Le dit châtelain se mit aux créneaux, et dit : « O madame, et que voulez-vous ? » Madame répondit et dit : « O messire Marchionne (*pour Melchiorre*), je viens de la part de monseigneur pour que vous me rendiez la *rocca* : voici les contreseings que j'y veux rester, moi.[3] » Le châtelain répondit : « Et qu'en est-il du comte ? J'ai entendu dire qu'il est mort. » Madame répondit : « Mais ce n'est pas vrai. Je l'ai laissé de bonne humeur. » Le châtelain répondit : « Ici, le bruit public est qu'il est mort. S'il

---

1 Pasolini, *Caterina Sforza*, I, 127.
2 Cobelli, Cronache forlisesi, *p. 296.*
3 Nous essayons de traduire littéralement, au risque de quelque incorrection grammaticale, pour garder au dialogue, avec sa rapidité, sa couleur et sa saveur si particulières.

II. — COMMENT S'AGRANDIT ET SE RUINE LE PRINCE.

est mort, je veux tenir cette *rocca* pour ses fils ; et s'il est vivant, je veux la lui remettre à lui-même ; et s'il veut m'en chasser pour y mettre un autre, je veux qu'il me donne l'argent que je lui ai prêté, et puis je lui rendrai la *rocca*, s'il me plaît et me paraît bon. » Après quoi, sans rien ajouter, Melchiorre tourna le dos, et se retira ; ce que voyant la comtesse, elle reprit toute triste, — *dolorosa*, — la route d'Imola. Mais la douleur de Catherine ne devait pas être une douleur résignée.

En ce moment se trouvait à Forli cet Innocenzo Codronchi qui, sous le règne de Sixte IV, avait été connétable du comte Girolamo au château Saint-Ange, et qui, chassé de là par Catherine, s'était ensuite réconcilié avec les Riari, était devenu *capitano de' provvisionati*, ou chef de la garde du palais, et châtelain de Ravaldino avant Melchiorre. Il allait et venait à sa guise dans la *rocca*, et, fidèle à la consigne, avait l'œil sur le vieux pirate, dont il flattait les petites manies, allant dîner, souper et jouer aux dés avec lui. Le 10 août, ils étaient à table. Ils jouèrent le dîner du lendemain, et Codronchi s'arrangea pour perdre. Il sortit de la *rocca*, et, dès le matin, remit des cailles, des perdrix et des chapons à un soldat de Forli, nommé Moscardino, en lui disant : « Prends-les, porte-les à la *rocca*, et dis qu'on les apprête pour dîner ce midi ; » et il lui donna encore certaines autres instructions secrètes. Moscardino obéit ; le châtelain le vit venir avec sa provision, il lui fit ouvrir la porte de la *rocca*, et, tandis qu'il faisait plumer la chasse, Moscardino « s'occupa de faire ce qui lui avait été ordonné. » L'heure venue, Codronchi arrive et l'on fait honneur au festin. A la fin du dîner, le châtelain se lève. D'un bond Codronchi aussi se lève, saisit le châtelain à mi-corps, le tient embrassé. Aussitôt un esclave [1] dudit châtelain prend un poignard, et par deux fois l'en frappe au ventre. Moscardino s'en mêle, pour aller plus vite, et Codronchi achève d'un coup de cimeterre l'impénitent Melchiorre. Cela fait, il court s'enfermer dans la tour et hausse les ponts-levis. Cependant, à Imola, le comte et la comtesse en sont instruits : Girolamo est malade encore et Catherine est sur le point d'accoucher, —*gravida e grossa a la gola*, dit le chroniqueur avec un pittoresque intraduisible. De nouveau, elle monte à cheval, pousse et pique tant qu'elle peut, et

---

1 « Probablement un jeune Turc, qui, fait prisonnier en mer, avait été retenu comme esclave. Tel fut le sort de beaucoup d'infidèles fait captifs à la guerre pendant tout le XVe siècle. » Pasolini, *ouv. cité*, I, 183.

Charles Benoist

vers minuit entre à Forli. Elle traverse la ville sans rien demander à personne, va droit au pied de la *rocca*, et appelle Nocente.

« Alors Nocente se mit aux créneaux et vit Madame la comtesse et dit : « O madame, et que voulez-vous ? » Madame répondit : « O Nocente, et pour qui tiens-tu cette *rocca* ? » Nocente répondit : « Au lieu du seigneur Octaviano.[1] » Messer Dominico Riccio[2] dit : « Donc Octaviano est seigneur, et non le comte ? — Ou vif ou mort, je tiens cette *rocca* au lieu du comte et de ses fils. » Là-dessus, Catherine demande à Codronchi pourquoi il a tué le châtelain : « Madame, il faut donner les *rocche* à des gens qui aient de la cervelle, et ne pas les donner à des ivrognes. » C'est le moment. La comtesse conjure Nocente de lui restituer la *rocca*. Et il lui crie, comme saisi de pitié, d'une voix radoucie et respectueuse : « Très chère madame, pour cette fois, je ne puis vous répondre autrement. O madame, allez vous reposer et ne craignez rien. Il n'était pas besoin que Votre Seigneurie vînt ici pour cela. Je vous prie de venir demain dîner avec nous. » Catherine retourne en ville, va au palais, fait monter la garde autour de la *rocca* afin que personne n'y entre. Après quoi, dans le dessein affiché d'éviter le poison, elle commande le repas qu'on lui devra porter à la *rocca*, pourvoit à tout, et ne se couche qu'aux premières lueurs du jour. Ses gens jurèrent qu'elle n'avait pas du tout dormi cette nuit-là. A l'heure dite, elle se présenta à la *rocca*, où Codronchi lui enjoignit de ne se faire suivre que d'une seule demoiselle. Sans peur, Catherine passe le pont, sa demoiselle derrière elle, portant les provisions. On dîne, et, en dînant, Codronchi raconte à la comtesse toute son entreprise ; il n'y a plus qu'à concerter le dénouement ; on fait mine de traiter et d'écrire les conditions de la reddition. Catherine quitte la *rocca*, où elle ne reviendra que dans trois jours, amenant avec elle Tommaso Feo de Savone, à qui Nocente Codronchi remet fidèlement la forteresse ; puis Madame, « calme comme un caporal qui relève la sentinelle, » laisse Feo dans la *rocca*, et remmène, à sa place, Codronchi. La cour du palais était pleine d'un peuple impatient. Enfin, la comtesse paraît. « La *rocca* était perdue, déclare-t-elle, pour moi et pour vous, avec celui-ci : je l'ai réacquise et vous laisse un châtelain tout à ma dévotion. » Les bons bourgeois eussent

---

1 Ottaviano Riario, fils aîné de Girolamo et de Catherine.
2 Domenico Ricci, cousin du comte Girolamo, et gouverneur de la ville de Forli.

II. — COMMENT S'AGRANDIT ET SE RUINE LE PRINCE.

voulu en savoir davantage ; mais pas un mot de plus. Tout de suite les chevaux, tout de suite en selle, et le cortège s'éloigne vers Imola, Nocente à côté de Catherine.

Le beau de l'affaire, — et je dis bien : « le beau, » — est que tout ce faux drame, vrai seulement pour Melchiorre Zocchejo qui y avait trouvé la mort, malgré toute cette mise en scène, sommation, refus, invitation à dîner, précautions contre le poison, négociations, capitulation, désaveu public, tout était combiné d'avance avec les Riari. Ils voulaient reprendre à l'ancien corsaire la *rocca* de Ravaldino, où il leur déplaisait de le voir s'établir en maître. Melchiorre, lui, ne veut rien entendre, et contre son obstination Madame elle-même perd sa peine. Tôt donc, qu'on s'en défasse. On a, pour cette besogne, un homme sous la main, Nocente. Mais il est capitaine des gardes. Comment faire pour qu'on n'accuse pas le comte et la comtesse d'être derrière lui et de diriger son bras ? Il faut feindre une surprise, une rébellion, une résipiscence. C'est ce que des écrivains de notre temps appellent encore « une ruse cruelle et ingénieuse, » — *inganno crudele ed ingegnoso,* — et quatre siècles écoulés leur ont appris à ajouter *crudele,* mais ils répètent *ingegnoso* : ils sentent encore et pour un peu ils vanteraient encore *la forma ingegnosa e quasi elegante del tradimento,* la forme ingénieuse et presque élégante, de la trahison.[1] Fils de leur pays et de leur race, nés de leur terre et de leur ciel, ils jouissent vivement de la beauté : tout ce qui est beau est bien, ou du moins rien n'est mal qui est beau. Art, plaisir, lutte, gouvernement, et même brigandage, — *ribalderia,* — l'Italien de la Renaissance ne demande rien à rien que la beauté. La férocité de Ferdinand de Naples, dans la conjuration des barons, est atroce, mais belle. Et voici venir la beauté des beautés, ce guet-apens de Sinigaglia que Mgr Paul Jove, évoque de Nocera, consacrera à jamais d'un superlatif, — *il bellissimo inganno,* — et où Machiavel découvrira un chef-d'œuvre de prince digne d'être offert en exemple au Prince.

Dans l'histoire de Melchiorre et de la *rocca* de Ravaldino, Catherine a recouru aux bons offices d'Innocente Codronchi ; nous allons la voir, aussitôt après, et à peine délivrée de sa grossesse, opérer elle-même, dans la répression de la conjuration des Roffi. Ce sont des paysans de Rubano, turbulens et influens, qui se sont

---

1 Pasolini, *Caterina Sforza*, I, 186-187.

Charles Benoist

emparés par surprise de la porte Cotogni à Forli, en faisant crier ou *San Marco* ! (Venise) ou *Chiesa* ! (le Pape) ou *gli Ordelaffe* ! (les seigneurs dépossédés, les Ordelaffi). Le coup a été manqué, cinq des rebelles ont été pendus sur l'heure, les autres sont aux chaînes dans la *rocca*. Madame arrive d'Imola, comme toujours à bride abattue. Elle fait comparaître les coupables, les interroge. Ils avouent, se dénoncent, se chargent l'un l'autre. « C'est Passi qui a tout monté, insinue Nino Roffi. — Tu mens par la gorge, s'écrie l'accusé, faux goinfre que tu es, et ribaud, car il y a près de huit mois que je ne t'ai parlé, et j'en veux faire la preuve à la corde avec toi [1] ! » Catherine saisit le joint, et envoie à la corde Nino tout seul, qui confesse son mensonge. Alors, ostensiblement, solennellement, tenant Passi par la main, la comtesse le conduit hors de la forteresse, et là, devant les gardes et devant le peuple, elle le libère : « Va, lui dit-elle, retourne tranquille et sûr vers ta femme et vers tes enfans ! » Le second procès achevé, elle affecte de prendre les ordres de son mari ; mais ce gros garçon, lymphatique, bouffi et mou, n'a d'autres ordres à lui donner que de s'en remettre à elle, et elle n'en demande pas davantage. Les droits menacés des Riari réclament du sang : Catherine semble croire que la justice divine y est intéressée, autant que sa propre politique : impassible, *in nomme Domini*, selon l'expression naïvement effroyable de Bernardi, elle fait décapiter en place publique et écarteler les condamnés, en forçant au métier de bourreau le sujet fidèle, mais le soldat inepte qui s'était laissé enlever la porte Cotogni. Toutefois, elle se refusa à outrepasser la justice, défendit contre la lâcheté sacrilège de la foule les restes des suppliciés, et, les principaux auteurs châtiés, fit grâce aux moins compromis. Elle s'était d'ailleurs attachée à suivre scrupuleusement les formes : « La dite Madame alla à la *rocca* comme vraie ambassadrice du seigneur comte son mari, et comme dame de grande justice, laquelle voulait continuellement aller avec le pied de plomb... et ne pas courir en furie, afin que le Tout-Puissant Dieu Eternel ne lui pût jamais reprocher aucune chose qu'elle eût mal faite, et aussi qu'aucune personne ne se pût jamais plaindre que Sa Seigneurie agisse par force et non par raison.[2] » Justice sévère, promptitude de résolution, lenteur et sûreté d'exécution, respect des apparences et des usages, affectation de générosité, souci et art

1 A qui subira le mieux l'épreuve de la question par quelques « traits » de corde.
2 Bernardi, p. 140.

II. — COMMENT S'AGRANDIT ET SE RUINE LE PRINCE.

de mettre Dieu au service de sa maison, que de machiavélisme, dès la fin de 1487, en cette jeune femme de vingt-cinq ans !

II

Pour cette jeune femme déjà se pose, et bientôt se posera si pressante qu'elle ne pourra l'esquiver, la grande question machiavélique : « Vaut-il mieux se faire craindre ou se faire aimer ? » Et elle essaiera de se faire aimer, mais, n'y réussissant pas à son gré, elle saura du moins se faire craindre. Ou plutôt elle s'efforcera de faire à la fois l'un et l'autre, et de concilier la sévérité avec la justice. Pourtant sa justice est terrible. Après l'assassinat de Girolamo Riario par Lodovico et Checco Orsi, Giacomo Ronchi et Lodovico Pansechi, à peine prend-elle le temps de pleurer ; tombée, avec ses six enfans, aux mains des meurtriers qui la traitent « plus durement que ne l'eussent fait les Turcs,[1] » elle ne fléchit pas une minute ; elle ne pense qu'à « conserver l'État, » et, voulant le conserver, elle dispose tout plus encore pour l'exemple que pour le châtiment. Tout à fait à la première heure, parmi les gens d'armes qui, dans des intentions diverses, se réfugient à la *rocca*, elle glisse un homme à elle, chargé de faire écrire par le châtelain à Bentivoglio de Bologne et au duc de Milan, afin qu'ils la secourent. Elle reçoit dignement, quoique froidement, Mgr Savelli, protonotaire et gouverneur de Cesena, venu aussitôt, à la demande des traîtres, pour prendre possession de Forli, au nom de l'Église. Mais elle ne peut supporter le mauvais prêtre qui s'ingénie à obtenir d'elle la reddition de la *rocca*, en lui tenant cet odieux langage : « Le comte a été tué pour ses péchés, et, vous-même, le péché d'avoir persécuté des prêtres et des frères et d'avoir pillé des églises vous fera mal finir. Or donc, ma sœur, prenez-en votre parti et donnez-nous cette *rocca* ; autrement, vous ne mangerez ni ne boirez jusqu'à ce que vous nous l'ayez fait donner, et ainsi nous vous laisserons mourir de faim. » La comtesse étouffe, est comme syncopée d'indignation et de colère : elle n'a que la force d'appeler Lodovico Orsi, dans la maison de qui elle est gardée à vue : « O Messer Lodovico, lui dit-elle, je vous en prie pour l'amour de Dieu, ôtez d'autour de moi ce prêtre ! » Les

1 C'est le mot de Monseigneur Savelli, protonotaire et gouverneur de Cesena, venu aussitôt pour prendre possession de Forli au nom de l'Église.

Charles Benoist

plus sages de ses sujets, ceux qui la connaissent le mieux, ne se trompent pas sur ce qui se passe et ce qui s'apprête dans son âme. Niccoló Tornielli conseille prudemment de ne pas la pousser à bout. « Sinon, il pourrait en découler pour la cité des conséquences très funestes, car elle est d'esprit subtil, et d'un cœur connu de tous, et fière aussi et inexorable en ses vengeances.[1] »

Ici réapparaît le machiavélisme prémachiavélique de Catherine.[2] Le protonotaire Savelli insiste et fait insister auprès d'elle pour que la *rocca* lui soit rendue, sachant bien que, tant qu'il n'a pas le château, il n'a pas la ville. Elle, qui a sur-le-champ averti le duc de Milan, son frère, et son voisin de Bologne, Bentivoglio, elle n'a qu'à traîner les choses en longueur, et par conséquent elle peut tout promettre, pourvu que l'on ne tienne pas. Pour la troisième fois, elle se rend au pied de la *rocca* de Ravaldino, et, pour la troisième fois, le châtelain se met aux créneaux ; mais, cette fois, Madame n'est pas libre et maîtresse ; ce sont ses ennemis qui l'y ont conduite. De haut en bas, entre la comtesse et son châtelain, voici le dialogue qui s'engage : « Cède la *rocca* à ceux-ci, crie Catherine, pour que je ne sois pas mise à mort avec tous mes enfans !

— On m'enlèvera d'ici en morceaux ! répond le châtelain. Je ne cède rien.

— Ils me tueront !

— Et qui donc ?… Il leur faudra se sauver ensuite du duc de Milan. »

Puis, suivant le jeu de scène ordinaire, le châtelain tourne le dos et s'en va. Il a deviné la comédie (stylé d'ailleurs dès le début) et du coup il y prend son rôle. Mais l'un des conjurés, Ronchi, qui a longtemps vécu près de la comtesse, ne s'y méprend pas, lui non plus : « O madame Catherine, lui crie-t-il en lui plantant les yeux en face, si tu voulais, il nous la donnerait, mais c'est toi qui ne veux pas qu'il nous la rende ; je ne sais quelle envie me vient de te passer cette pertuisane au travers du corps et de te faire tomber morte. » Ce disant, Ronchi se permet de joindre le geste à la parole, et touche de la pointe du fer la poitrine de la comtesse. Elle, immobile et dédaigneuse : « O Jacomo da Ronco, dit-elle, tu ne me fais pas peur ; tu peux me faire mal, mais peur non pas ;

1 Avril 1488.
2 Avril 1488.

II. — COMMENT S'AGRANDIT ET SE RUINE LE PRINCE.

car je suis fille d'un homme qui n'avait pas peur. Fais ce que tu veux. Vous avez tué mon seigneur, vous pouvez bien me tuer, moi qui suis une femme.[1] » Le lendemain, même cérémonie devant la *rocca* de Schiavonia que devant la *rocca* de Ravaldino. Catherine s'approche : « O châtelain, dit-elle, donne la *rocca* à ceux-ci, comme j'y consens. — O madame, répondent Bianchino et son frère, que Votre Seigneurie nous pardonne ; vous ne nous avez jamais donné cette *rocca*, et nous ne voulons la donner encore ni à vous, ni à personne. Maintenant ôtez-vous de là ; sinon, nous vous ferons tirer dessus. O messer Lodovico, ôtez-vous de là. » Dans la ville, les bons bourgeois font ce qu'ont toujours fait les bons bourgeois en temps de révolution : ils font des vœux discrets pour l'ordre, mais ne se compromettent point au-delà. Le chroniqueur, peintre, musicien et maître à danser Cobelli voit passer le triste cortège : Lodovico et ses partisans, « les princes et les phariciens, *cum seniore, et scribas* ; Catherine, au milieu, environnée de piques. Il en est tout ému, et nous le confie en sa prose mêlée de romagnol et de latin. « Ils menèrent Madame à la maison de l'Urso avec ces *fustibus et lanternis*.[2] Je veux vous dire le vrai ; à moi, il me paraissait certes que ce fussent et qu'ils menassent Madame comme faisaient ces juifs quand ils menaient, ainsi armés, Jésus-Christ à Anne et à Caïphe et à Pilate ; ainsi paraissait-il qu'il en fût de madame la comtesse. Certes, cela me paraissait une compassion et cela me serrait dans les épaules, parce que j'avais reçu bienfait de sa seigneurie ; mais il me fallait rester coi, *propter timorem zudiorum (Judærum)*. » Tout le monde tremble, sauf Catherine qui, lorsqu'elle n'est plus chez les Orsi, lorsque Savelli l'a fait déposer, sous la garde de trois gentilshommes, à la *rocchetta* de la porte San-Pietro, reprend hardiment et habilement l'offensive. Dans la chambre étroite où ils sont entassés, elle-même, sa fille Bianca, ses cinq fils, les deux derniers avec leurs nourrices, sa mère Lucrezia Landriani, et sa sœur Stella, c'est un concert de pleurs et de gémissemens. Mais il y a vraiment en elle de la grandeur romaine ; la *virago* se montre vraiment presque *vir* ; elle est vraiment princesse, et vraiment presque le Prince. « N'ayez pas peur, répète-t-elle aux siens, et surtout, ce qui serait pis, n'ayez pas l'air d'avoir peur. » Muzio

---

1 Cobelli, p. 321.
2 C'est une citation populaire et qui revient souvent. Cf. la nouvelle CXC de Sacchetti. Édit. Ottavio Gigli ; 1888, Florence, Le Monnier, t. II, p. 143.

Charles Benoist

Attendolo et le duc Francesco, ses ancêtres, n'avaient jamais su ce que c'était que la peur, et c'est pourquoi ils avaient échappé au fer, au feu, aux trahisons, pourquoi ils avaient été en leur temps de grands princes et de grands *condottieri* de guerre... Elle aussi, quand elle était petite, elle avait eu son père assassiné, assassiné aussi par ses gens ; pourtant elle n'avait pas perdu courage... Que ses enfans fassent comme elle avait fait ! » Toute sa pensée, toute sa volonté sont maintenant tendues sur ceci : rentrer dans sa bonne *rocca* de Ravaldino, et de là défier ses ennemis, et là rétablir la fortune. Elle monte ce coup de ruse et de force comme elle en a monté tant d'autres. Elle a ses émissaires, ses intermédiaires, qui vont et viennent de la *rocca* à la ville, qui circonviennent le protonolaire effaré, les magistrats irrésolus, les conjurés hésitans et divisés. « Le châtelain de Ravaldino, » insinue Francesco Ercolani, « homme de bien, très sagace et malicieux, ne demanderait pas mieux que de rendre la *rocca*, mais il ne veut point passer pour félon, il veut le consentement de la comtesse, il veut un certificat de bons et loyaux services. Si seulement il pouvait parler à Madame sans témoins ! Si seulement la comtesse pouvait pénétrer dans la rocca ! Seulement pour quelques heures, pour trois heures seulement ! Elle laisserait en otage ses six enfans, sa sœur, sa mère. Et lui-même, Ercolani, il laisserait comme otages ses propres fils. »

Peu à peu l'idée chemine. Le gouverneur dit oui. Mais les Orsi, qui savent ce qu'ils risquent et contre qui ils le risquent, s'obstinent à dire non. Le plus qu'ils puissent consentir, c'est de ramener encore une fois Catherine au pied de la muraille ; et qu'encore une fois, de bas en haut, entre elle et le châtelain, la conversation s'engage. Ils l'y ramènent, et elle crie, elle adjure, elle pleure. Le châtelain est de pierre comme la tour à laquelle il est adossé : « Ah ! si du moins, dit-elle, je pouvais entrer dans la *rocca* pour vous parler seule à seul, je vous expliquerais bien la condition des choses, et je vous persuaderais en vérité de céder ! — Même en ce cas, répond le châtelain, je ne sais pas ce que je ferais ; tout au plus me réglerais-je sur les propositions que vous pourriez faire. Au reste, quant à, moi, j'ai déjà déclaré au gouverneur et à tous que, pour en finir, je permets et même je veux que vous entriez dans la *rocca*, pourvu que vous y entriez seule ! » Vainement les Orsi dénoncent le piège : Mgr Savelli, qui regarde partout s'il ne voit pas venir les soldats du duc de Milan, interpose son autorité, l'autorité pontificale à laquelle Forli s'est donnée. La comtesse s'avance, le pont-levis s'abaisse, elle le franchit. Alors elle se redresse de toute sa taille, se retourne, lance un geste d'insulte à ceux des prises de qui elle s'échappe, et, triomphante, entre dans la *rocca*.

C'est d'ailleurs, pour Catherine, si la légende doit s'élever jusqu'à l'histoire, l'heure des gestes obscènes et héroïques : « Oh ! mon cher Tommasino, s'est-elle écriée aussitôt que la porte s'est refermée sur elle, que nous sommes bien ici dedans ! Enfin, plus d'assassins, plus de traîtres ! » Mais ses six enfans-sont dehors, et ils ne sont pas bien, eux, les innocens, à la discrétion de ces assassins et de ces traîtres ! On va jouer de l'amour maternel pour tenter de fléchir l'âme inflexible de la comtesse. Jeu cruel qui glacera d'épouvante les pauvres petits et qui ne réussira qu'à faire de la mère une folle sublime, une bête superbe, une tigresse, une lionne. D'après la légende, les enfans sont là, de l'autre côté du fossé, sanglotant et se lamentant, sous le couteau levé des Orsi. Que la *rocca* se rende ou ils sont égorgés : « Imbéciles ! dit Catherine, en se découvrant, n'ai-je pas le moyen d'en faire d'autres ? » Et voilà résumé, dessiné, à jamais gravé dans la mémoire populaire, tout le personnage de Catherine, en un mot, en une posture. L'histoire, maintenant armée de la critique des sources, prétend au contraire que la chose s'est passée bien plus simplement. A l'heure où les Orsi ont traîné devant la *rocca*, non pas tous les enfans, mais les deux fils aînés de Catherine, et la font implorer successivement par la nourrice, par sa sœur Stella, par Ottaviano et Livio, la comtesse, brisée de fatigue et d'émotion contenue, est couchée dans le*maschio*, ou tour centrale de la forteresse, et profondément endormie. Elle ne s'éveille que lorsqu'un tumulte éclate, bruits de rixe, course d'hommes, coups de feu : tumulte artificiel, fausse alarme provoquée par le châtelain qui redoute que, de la chambre haute, où il l'a prudemment reléguée, malgré l'épaisseur des murs, elle n'entende l'appel aigu des chères voix suppliantes, « que cette pauvre madame ne s'attendrisse d'amour et de pitié, et que le cœur ne lui saute hors de la poitrine. » Catherine croit que les révoltés donnent l'assaut à la *rocca* ; elle se jette dans l'escalier, descend, arrive jusqu'au rempart, les cheveux défaits, en chemise, à demi nue. De là, la légende. Mais, rectifie l'histoire, à ce moment la comtesse est plus terrifiée que

Charles Benoist

terrible ; et ni de la posture, ni du mot, ni Cobelli, ni Bernardi, aucun des chroniqueurs, aucun témoin, aucun contemporain ne parlent. Machiavel en parle, sans doute, mais il n'est venu à Forli, il n'a connu personnellement Catherine qu'onze ans après, en 1499. Qu'importe, n'est-ce pas Machiavel qui a raison ? A tout le moins, il sent mieux que personne ce qu'il y a en Catherine de machiavélique, et, s'il l'y met, c'est qu'il le sait bien placé en elle. Ici encore, comme dans tant de cas, la légende est plus vraie que l'histoire, et Catherine est plus Catherine, telle qu'elle aurait pu être et que probablement elle n'a pas été.

Si, déprimée par les jours affreux qu'elle traverse, Catherine n'a pas été telle à cette minute-là, qui cependant est bien restée pour elle une minute « psychologique, » c'est alors, à cette minute-là, qu'elle n'a pas été elle-même ; mais tout de suite elle se retrouve, et tout de suite nous la retrouvons. Elle fait braquer sur la ville les canons de la forteresse et de temps en temps tirer une volée. Les boulets portent de sa part aux habitans de Forli cet avertissement : pour l'assassinat de Girolamo elle punira seulement les coupables ; mais si l'on touche à ses enfans, elle réduira en cendres et en poussière toute la ville. Puis elle charge ses bombardes d'épieux dont la pointe est enveloppée de papiers où il est écrit : « Forliviens, mes Forliviens, sus à mes ennemis, tuez-les tous ! Je vous promets qu'au retour, je vous tiendrai toujours pour bons frères. Faites vite, ne craignez rien. L'armée milanaise est aux portes ; sous peu, vous aurez la récompense, et eux le châtiment bien mérité. »

L'armée milanaise, en effet, hâtait sa marche. Déjà Bentivoglio de Bologne occupait les villages voisins. Cinquante cavaliers, envoyés par un des cardinaux parens de la comtesse, étaient venus renforcer la *rocca*. Les secours pontificaux que Mgr Savelli attendait dans les transes et promettait au besoin par de faux brefs,[1] comme pour se rassurer lui-même, n'apparaissaient pas. Voyant venir l'expiation, les meurtriers du comte, qui depuis un mois se posaient en libérateurs, les Orsi, les Ronchi, les Pansechi, avec leurs familles et leurs partisans, prennent la fuite : c'est vers Cervia, où les Vénitiens ne veulent pas les recevoir, et vers Città di Castello, un misérable exode de dix-sept personnes. Et c'est la restauration des Riari, d'Ottaviano et de sa mère, régnant et gouvernant en son nom, en

---

1 Pasolini, *ouv. cité*, I, 251.

II. — COMMENT S'AGRANDIT ET SE RUINE LE PRINCE.

son lieu.

III

La conduite de Catherine, reprenant possession de Forli, est pleinement machiavélique, c'est-à-dire que tous les élémens y sont de la politique dont, une vingtaine d'années plus tard, Machiavel donnera la formule. Premièrement, la modération ou l'apparence de la modération dans la victoire. La comtesse empêche le sac de la ville, auquel rêvent, depuis des jours et des jours, les Milanais. Et peut-être le fait-elle autant pour elle-même qui y perdrait ce qu'une insurrection pillarde lui a laissé que pour ses sujets qu'elle veut ménager, pour « les femmes et les filles » dont, avec une pudeur justement alarmée, elle prend l'honneur en sa garde. Ensuite, l'apparence d'une stricte, mais équitable justice ; les coupables seront punis, mais les coupables seuls, et c'est à peine si, voulant atteindre un ennemi, l'on s'arrangera pour le trouver coupable, les formes sauves autant que possible. Ainsi le vieil Orso, père de Lodovico et de Checco Orsi. Il semble bien qu'il n'ait point approuvé, ni même connu à l'avance le crime de ses fils, et si Cobelli n'invente pas, il leur aurait, le coup fait, tenu ce petit discours, lui aussi très machiavélique, car le machiavélisme est partout dans l'air de l'Italie de ce temps-là, et Machiavel n'aura qu'à le recueillir : « O mes fils, vous n'avez fait chose ni bonne ni belle, parce que, selon moi, vous avez doublement mal fait. D'abord, puisque vous tuiez le comte, vous deviez en finir avec tous, ou les laisser vivre, mais les mettre tous en prison. Et puis vous avez laissé entrer Madame dans la *rocca*, d'où elle va vous faire une guerre mortelle... Allez ! allez ! vous vous êtes conduits comme des petits enfans (*da mammoletti*) ; vous vous en repentirez et en porterez la peine ; puissiez-vous au moins ne pas la faire porter à d'autres, et même à moi, qui suis vieux et malade ! Pour moi, je vois bien où vous irez finir. » Mais il importait à Catherine que, Lodovico et Checco s'étant enfuis, la famille scélérate des Orsi fût frappée et comme anéantie en son patriarche. Devant lui, on rasa sa maison ; on chassa, pauvres et nus, ses enfans et petits-enfans ; après quoi, on le livra, pour que le bourreau en fît à sa fantaisie, à cet horrible

Charles Benoist

Babone qui, au milieu de tous « ces stradiotes malandrins, » faisait à Cobelli l'effet d'un Turc entouré de Turcs. Et devant ces ruines, et durant le supplice, la dernière parole de ce vieillard de quatre-vingt-cinq ans fut un désaveu, presque un anathème : « O mauvais fils, où m'avez-vous conduit ! » Il mourut sous un abominable raffinement de tourmens et d'outrages, comme étaient morts, la veille, Marco Scossacarri, Pagliarino, Pietro Albanese, comme devaient mourir dix autres, et, dans la suite, d'autres encore. Les cadavres furent dépecés, déchirés, déchiquetés ; on s'en disputa les membres, on en enleva et estima la graisse : « Scossacarri en avait une couche de près de deux doigts ; » l'Albanese n'en avait guère moins : « c'était un beau corps d'homme blanc et coloré. » Autour de cette chair en lambeaux, traitée comme viande de boucherie, « *come carne in beccaria*, » se déchaîna une danse de sauvages : un soldat « arracha le cœur du vieil Orso, le mit tout sanglant à sa bouche et mordit dedans ainsi qu'un chien. » Plus de deux cents maisons, dans le seul bourg de Ravaldino, subirent le même sort que la maison des Orsi : tandis qu'on y était, on vengea par les peines les plus lourdes les plus légères injures ; ce fut une fureur d'espionnage et de délation ; un mot perdait un homme : Pietro Albanese périt pour avoir été « grand parleur, » car « celui qui profère l'offense écrit sur la glace, mais celui qui la reçoit écrit sur le marbre. »

Cependant la comtesse, tout en recherchant et en accusant elle-même, en accablant de ses invectives quiconque, de près ou de loin, pouvait avoir participé à l'assassinat de Girolamo, s'attachait à mettre hors de cause les parens, les femmes, les enfans, les proches des condamnés ; elle refusait de profiter de leurs dépouilles, et, parmi toute cette barbarie lâchée volontairement pour produire un effet d'effroi, elle réussissait à se donner encore un air de générosité, de pitié, de clémence. Elle inaugure une sorte de gouvernement direct, familier, et pour ainsi dire « bonhomme, » *alla buona*, dont tout le prestige, toute la force ost en elle, « où chaque citoyen se sent voisin de cette souveraine qui peut devenir formidable, et lié à sa personne par une espèce de fascination singulière.[1] » C'est toujours l'éternelle question : se faire aimer ou se faire craindre ? Catherine répond comme Machiavel répondra : se faire craindre *et* se faire

---

1 Pasolini, *ouv. cité*, I, 297.

II. — COMMENT S'AGRANDIT ET SE RUINE LE PRINCE.

aimer, mais ne pas craindre de se faire craindre et ne pas trop aimer à se faire aimer, parce qu'il appartient toujours au prince, il dépend toujours de lui de se faire craindre, mais il ne dépend pas de lui, il ne lui appartient pas de se faire aimer : les hommes aiment à leur gré, mais ils craignent au gré du prince. Pour le moment, après justice faite, après ces coups frappés et sans préjudice des coups que directement ou indirectement elle se réserve de frapper encore, la comtesse reçoit de nouveau, au nom de son fils et au sien, le serment des chefs de famille de Forli. Ils s'agenouillent à ses pieds et, la main posée sur les saints Évangiles, jurent fidélité aux Riari. Peut-être leur seront-ils en effet plus fidèles qu'elle-même, car déjà, en plein exercice de sa force et quand elle use ainsi de son prestige, elle succombe à son unique faiblesse : l'amour tue en elle la veuve et la mère, elle a ses grandes misères que l'on connaît et une bien plus grande misère encore que l'on ne connaît pas. Elle aime ardemment, follement, en femme de trente ans, — et quelle femme ! du sang des Sforza, c'est tout dire, — un beau jeune homme de sa cour, plus ou moins cousin de Girolamo, et frère du châtelain de Ravaldino, Giacomo Feo.

Amour violent qui veut être apaisé, mais qui doit compter avec tous les scrupules, et qui ne peut s'apaiser que dans le mariage ; mariage difficile, et qui heurterait tant de préjugés : déplorable et tragique amour. En Catherine, le cœur et la conscience se livrent un affreux combat : les poètes n'en ont pas chanté de pire : sans ce mariage, elle perd Giacomo ; mais par ce mariage, s'il est su, elle perd l'Etat. Qui l'emportera des deux, de sa déraison ou de sa raison, de la plus haute des raisons qui puissent guider une princesse, de la plus profonde des déraisons qui puissent entraîner une femme ? Elle tombe, elle épouse. C'est encore, comme Girolamo, un médiocre, et même moins ; c'est un bellâtre, vain et jouisseur, qui s'affiche, et qui, en s'affichant, l'affiche, et qui, en s'exaltant sans mesure, l'humilie. Elle l'adore, le hait, le méprise, se méprise un peu soi-même de ne pas le haïr davantage, et se hait d'être obligée, à cause de lui, de se mépriser devant ses fils, qui devinent, qu'on instruit, et vis-à-vis desquels il s'oublie parfois jusqu'à lever la main sur eux. Elle est aux aguets, soupçonneuse, l'oreille tendue à tous les bruits, prête à renfoncer dans la gorge des médisans les mots même qui n'en sortent pas. Mais comment empêcher de bavarder

Charles Benoist

une petite ville ? Giacomo ne garde aucune retenue ; il parade et ordonne en maître : la comtesse ne voit, ne parle, n'agit plus que par lui. « Ils supporteront toute extermination, écrit Bello da Castrocaro, et Madame ensevelira plutôt toutes leurs personnes, et ses enfans, et ses biens, ils donneront plutôt l'âme au diable et l'Etat au Turc que de s'abandonner jamais l'un l'autre. » Le commissaire florentin à Faenza, Puccio Pucci, ajoute, dans une lettre à Pierre de Médicis : « Les choses en sont à tel point que d'ici peu on devra nécessairement en venir à une catastrophe. Il faut qu'à toute force il arrive un de ces trois faits : ou que Catherine fasse assassiner son amant, ou que l'amant fasse assassiner Catherine avec tous ses fils, ou qu'Ottaviano, qui montre des esprits hardis, devenu adulte, fasse mourir sa mère avec son amant de mauvais augure. — Si donc messer Jacopo (Giacomo Feo) a de la cervelle, comme on dit qu'il en a, il faut qu'il pourvoie à sa sauvegarde, et qu'il n'attende pas qu'Ottaviano se fasse homme. » Machiavel n'eût pas mieux construit cette espèce de syllogisme. Mais Giacomo Feo eut moins de cervelle qu'on ne lui en croyait, ou plus de présomption, et un soir, au retour de la chasse, presque sous les yeux de Catherine, il fut précipité de cheval, percé, criblé de coups de poignard. Alors la folie sanguinaire qui avait emporté la comtesse après l'assassinat de Girolamo, la rage rouge la reprit, plus rouge et plus sanguinaire dix fois. Ah ! cet homme, son Jacopo, par instans sans doute elle l'eût voulu mort, mais elle sentait trop qu'il était sa vie. Et l'on insinuait, les meurtriers alléguaient pour leur défense qu'ils avaient cru lui complaire en l'en défaisant. Pour un peu, ils auraient déclaré que c'était elle qui l'avait fait assassiner. Avec quelle âpre et amère énergie elle s'en défendait : allons ! est-ce que les Sforza n'assassinaient pas eux-mêmes ? et pour une seconde vengeance, auprès de laquelle l'autre fût douce, comme prix d'un second veuvage, elle entassait victimes sur victimes, par les mains expertes d'un Mongiardini, moins humain encore que Babone. Il n'est pas de tableau, si poussé qu'il soit à l'horreur, qui donne le frisson plus que ce simple extrait de la liste dressée par le curieux et indifférent Cobelli :

D'abord ceux qui l'ont tué (Giacomo), qui sont morts :

Zan Antonio da Ghia (Gian-Antonio Ghetti) fut tué et pendu, et la tête sur la tour : 1

Don Domenico fut traîné et pendu, et la tête sur la tour : 1

II. — COMMENT S'AGRANDIT ET SE RUINE LE PRINCE.

Don Antoni da Valdenosa fut traîné et pendu, et la tête sur la tour : 1

Maintenant disons les enfans morts pour la cause de la mort de Messer Jacomo Feo. D'abord :

Deux petits enfans, l'un de quatre ans et l'autre d'un an : 2

Et une fille de l'âge de neuf ou dix ans, tous les trois enfans de don Antonio de Valdenosa ; sont morts : 1

Trois enfans de Bernardino da Ghia et la femme enceinte, tous morts : 5

Un petit enfant de Zan Antonio da Ghia, mort : 1

Deux petits enfans de Filippo de maître Jacomo da li Selli, morts : 2

Quatre enfans de Pierre de Brocco, deux garçons et une fille, et un mort : 4

Deux enfans de ceux de l'Urso, déjà pris au temps du comte Gerolimo, sont morts : 2

« Mort, mort, mort… » et que d'autres morts encore ! Cobelli en énumère, outre ceux-là, dix-neuf ou vingt, mis à la torture ; encore des enfants :

Les jeunes fils d'Agostino de Marcobello, torturés, morts…

Lodovico, alias Scatarello, fils de Bartolo Marcobello…

mortus est (sic).

Laissons cela. Nous n'avons insisté là-dessus que pour bien faire sentir quelle fut cette femme, — un des types représentatifs de son pays et de son temps ; — mais nous n'avons tenu à le bien faire sentir que pour bien faire comprendre comment cette femme, en tant que type représentatif, devait être un des modèles, un des « sujets » de Machiavel et contenait en elle les élémens premiers du machiavélisme essentiel, de ce que nous avons appelé le machiavélisme prémachiavélique. Et elle fut telle jusqu'aux dernières heures de sa domination : abordable et altière, attentive à se faire craindre et à se faire aimer, mêlant et comme dosant la douceur et la rigueur, prête à tout acte débonnaire ou à tout acte tyrannique selon qu'elle jugeait l'un ou l'autre utile à sa fin (s'il en fallait de nouveaux témoins, les réfractaires de Forli, Ramberto da Sogliano, Corbizzo Corbizzi, Galeotto de Bosi en pourraient servir) [1] ; capable de pardon et incapable d'oubli, capricieuse et tenace, pieuse et sensuelle, scrupuleuse et fausse, trompant sans vergogne les ducs de Milan, son frère et son oncle, qui, du reste, ne

1 Voyez Pasolini, *ouv. cité*, t. II, p. 79, 80, 82, 83, 84, 87.

Charles Benoist

se privaient pas de la tromper ; — faisant dire d'elle par le doge de Venise : « Comme il ne faut pas se fier aux prêtres, pareillement il ne faut pas attacher foi aux femmes, » et par l'ambassadeur de Ludovic le More près de Giovanni Bentivoglio de Bologno : *Maledictus homo qui confidit in homine, et maxime in muliere* ! mais, avant tout, après tout, et par-dessus tout, c'est une *Sforzesca*, elle est Sforza, elle a au plus haut degré le sens de sa maison, elle a le sens de l'Etat, ou plutôt le sens de sa maison tend sans cesse chez elle à se confondre avec le sens de l'Etat. On n'ose dire qu'elle ait au même degré, ni peut-être à aucun degré encore, le sens de sa nation : il manque à son machiavélisme la plus noble, la plus pure, la plus éminente expression du machiavélisme, le patriotisme italien. Son grand regret, son grand chagrin, sa grande peine est que de ses sept enfans et de ses six fils (cinq de Girolamo Riario, un de Giacomo Feo), pas un, pas même l'aîné, ce lourd et épais Ottaviano auquel elle s'ingénie à procurer une *condotta* desFlorentins et pour qui elle a rassemblé une magnifique compagnie d'hommes d'armes, pas un ne soit apte à faire reverdir la souche robuste du vieil Attendolo et de Francesco, ses aïeux ; que pas un ne soit un Sforza ; bons pour faire des prêtres, des évêques, mais non des capitaines de guerre. Et c'était en son cœur viril le tourment dantesque du *disio*, du grand désir insatisfait. Toutefois elle eut la consolation, par un troisième mariage, — car deux maris assassinés n'avaient pas guéri de l'amour cette incurable amoureuse, — de donner le jour, gloire et joie de sa maternité, à ce Jean de Médicis, qui devait être en même temps le dernier des *condottieri* illustres et sous certains rapports le premier des tacticiens modernes, belle et rude plante d'homme, et en vérité *vir* né d'une *virago*, merveille de *virtù* et dans sa vie et dans sa mort, Jean des Bandes Noires, Jean d'Italie, *Giovanni d'Italia* : Machiavel n'est plus très loin, et, dans ce seul surnom, n'y a-t-il pas comme un balbutiement de l'exhortation au prince qui doit venir chasser d'Italie les barbares ?

IV

Mais, en attendant, voici venir le vainqueur de Catherine. C'est un autre prince, et celui-là, c'est le Prince. *Cum numine Cæsaris omen,* ainsi qu'il est gravé sur l'admirable épée que conservent dans leurs collections les ducs Caëtani de Sermoneta. César Borgia n'est plus un cadet voué perpétuellement à l'autel, il n'est plus le cardinal de Santa Maria Nuova, il a rejeté la cape et déposé le chapeau pour coiffer le *beretto* de gonfalonier de l'Eglise et de capitaine général des troupes pontificales. Il est devenu, par l'intrigue, l'époux de Charlotte d'Albret, sœur du roi de Navarre et pupille de la reine Anne, le parent et le protégé de Louis XII, César Borgia *de France*, duc de Valentinois ; et, par le crime probablement, l'aîné des fils du pape Alexandre VI. En effet, Giovanni, duc de Gandia, avait disparu dans la nuit du 14 juin 1497. La dernière fois qu'on l'avait aperçu vivant, il revenait de souper, avec son frère César, chez leur mère, la Vannozza. Sortis ensemble, montés, ils s'étaient séparés peu après, le duc suivi d'un homme masqué, qui depuis longtemps l'accompagnait toujours, et d'un estafier qu'il avait laissé *piazza de gli Ebrei*. Le lendemain on avait retrouvé l'estafier étendu sur le pavé, blessé et incapable de rien dire, et la mule du duc errant dans Rome, un étrier coupé. D'abord le Pape avait souri, *ipsum dacem alicubi cum puella intendere luxui sibi persuadens.*[1] Mais tout à coup le bruit se répandit, sans que l'on sût d'où, que le duc avait été jeté dans le Tibre. Un Esclavon marchand de charbon à Ripetta raconta comment, couché dans sa barque, il avait vu arriver un cavalier, suivi de deux piétons, et portant en croupe un cadavre que tous trois avaient lancé au fleuve. Interrogé pourquoi il n'avait pas parlé plus tôt, il avait répondu tranquillement que cent fois dans sa vie il en avait vu faire autant, sans que cela tirât à conséquence ; et qu'ainsi il n'y avait pas pris garde.[2] Les mariniers envoyés en grand nombre pour fouiller le Tibre en retirèrent le corps du duc, encore chaussé de ses bottes éperonnées et vêtu de son manteau. Il avait les mains liées ; neuf blessures aux bras, au buste, à la tête, dont une mortelle au visage ; dans sa bourse, trente ducats, signe évident

---

1 Burchardi *Diarium*, édition Thuasne, II. p. 387 et suiv. Nous suivons ici phrase à phrase M. Pasquale Villari, *Niccoló Machiavelli e i suoi tempi*, II, 268, 269, dont le récit est de beaucoup le plus vif et le plus rapide de tous ceux que nous avons lus. Cf. Ch. Yriarte, *César Borgia, sa vie, sa captivité, sa mort*, t. I, p. 107 et suivantes ; Tommaso Tommasi, *La vie de César Borgia*, 1671.

2 Respondit ille : se vidisse suis diebus centum in diversis noctibus varie occisos in flumen projici per locum prædictum, et nunquam aliqua eorum ratio est habita ; propterea de casu hujus modi existimationem aliquam non fecisse. — Burchardi*Diarium*, édition Thuasne, t. II, p. 390.

qu'on ne l'avait pas tué pour le voler.

Alexandre VI, quand il sut qu'on avait retrouvé son fils jeté au fleuve comme une ordure,[1] s'enferma dans sa chambre et pleura très amèrement, refusant d'ouvrir pendant plusieurs heures et restant sans manger ni boire pendant plusieurs jours, du mercredi au samedi, sans dormir du jeudi au dimanche. « Si nous avions sept pontificats, gémit-il dans le consistoire public qu'il tint le 19 juin, nous les donnerions tous pour avoir la vie du duc.[2] » Cependant les Espagnols de la suite de Gandia couraient Rome furieux, cherchant l'assassin. On soupçonnait tout le monde, les Colonna, les Orsini, Bartolommeo d'Alviano, le cardinal Ascanio Sforza, Giovanni Sforza de Pesaro, le mari de Lucrèce « répudié par elle comme impuissant, » un troisième frère de Giovanni et de César, le faible et timide Gioffre, prince de Squillace, dont la femme, dona Sancha d'Aragon, n'en avait que trop fait, incestueusement, pour exaspérer et armer sa jalousie. César ne quittait pas son palais du Borgo Sant'Angelo, tout entier en apparence aux préparatifs de l'ambassade qu'il allait remplir à Naples. Il partit le 22 juillet sans que le Pape l'eût reçu. A son retour, le 6 septembre, lorsqu'il se présenta devant le Souverain Pontife, arrivé au pied du trône, il s'inclina, puis monta les marches. Alexandre VI, froidement, l'embrassa au front, sans un mot : *Non dixit verbum Papæ Valentinus nec Papa sibi*, note Burchard. *Solo le bacciò*, ajoute Sanudo. Qu'y avait-il dans cette retraite, dans ce silence et dans ce baiser ? Tous les ambassadeurs des villes italiennes qui étaient là, épiant le moindre geste, pensèrent le comprendre. Vénitiens, Florentins, Ferrarais, ils s'entendirent. Ils tremblèrent et ils admirèrent. « Certainement, avait écrit, dès le début, l'un d'entre eux, Alessandro Bracci, celui qui a mené la chose a eu et de la cervelle et bon courage ; et, de toute façon, on croit que c'a été un grand maître.[3] »

César était donc, depuis 1497, en état de devenir prince. Il avait été, le 19 décembre 1498, nommé administrateur des biens du

---

1 Pontifex, ut intellexit ducem interfectum et in flumen, *ut stercus* protectum compertum esse... etc. — Burchardi *Diarium, ibid.*

2 Villari, *ouv. cité*, 1, 269, d'après Sanudo.

3 « E certamente, chi ha governato la cosa ha avuto e cervello e buono coraggio, et in ogni modo si crede sia stato gran maestro. » Lettre d'A. Bracci, ambassadeur florentin, du 17 juin 1497. Voyez Villari, *ouv. cité*, I, appendice, document II. — Cf. Ch. Yriarte, *César Borgia*, I, 131.

II. — COMMENT S'AGRANDIT ET SE RUINE LE PRINCE.

fils de Gandia, substitué dans son duché et dans ses possessions féodales de Sessa, de Teano, de Carinola et de Montefoscolo.[1] C'était pour lui, son fils aimé, son cœur, que le Pape, n'ayant rien de plus cher, — *cor nostrum, videlicet dilectum filium que nihil carias habemus*, — faisait main basse sur les biens des barons et des cardinaux, des Colonna, des Orsini, des Caëtani, des Savelli, des Pojano, des Magenza, des d'Estouteville. C'était pour lui qu'il voulait un royaume, sans bien savoir d'abord où il le lui trouverait, s'il demanderait au roi de Naples la principauté de Tarente, la terre de Bari au duc de Milan, à la maison d'Aragon une province en Espagne, ou s'il prendrait Ferrare aux Este, avec lesquels d'ailleurs, dans le même instant, il s'alliait par le mariage de Lucrèce. C'était pour lui, enfin, qu'en ses jours les meilleurs, porté au-dessus de lui-même et au-delà, de son siècle par un amour sans bornes, — *svisceratissimo amore*, — il s'élevait jusqu'au grand dessein de faire l'Italie une tout d'une pièce, *tutta di uno pezzo*. Mais par où commencer, et comment travestir cette entreprise des Borgia en reprise de l'Eglise ? Justement l'Église avait en Romagne, à Imola et à Forli, une « fille d'iniquité, » Catherine Sforza, qui, ne tenant qu'à titre précaire et en vicariat, au nom des Riari, les villes qu'elle gouvernait, ne payait point les redevances. En vain elle excipait de titres autrefois octroyés par Sixte IV, et dont la confirmation avait été par elle péniblement arrachée à Innocent VIII ; en vain elle revendiquait l'arriéré des 60 000 écus d'or dus encore par le Trésor pontifical au comte Girolamo, son premier mari ; en vain même elle offrait, déduction faite de ce que le Saint-Siège lui devait de ce fait, à elle et à ses enfans, de s'acquitter tout de suite de ce qu'elle lui devait. Alexandre VI voulait un État pour César, et il en avait là au moins le noyau. Ferrare était trop grand ; la famille ducale, riche de trois fils, hommes faits, était trop forte. Ici, l'on ne se heurterait qu'à une veuve, — virile, il est vrai, capable de se défendre et bien apparentée, mais quand même une femme, avec Ottaviano, à peine un homme, entre ses frères plus jeunes ou tout jeunes. Depuis longtemps déjà, le Pape avait eu l'idée que c'était ici qu'était le joint, et qu'il fallait piquer la pointe. Il n'hésitait plus que sur la manière. Son premier projet avait été d'insinuer les Borgia en Romagne par le mariage de sa fille Lucrèce et d'Ottaviano, fils de Catherine, préparant ainsi la voie à César qui eût bien

1 Ch. Yriarte, *ouv. cité*, I, 136.

découvert un motif et un moyen de passer derrière Lucrèce.[1] Puis la manière forte lui avait paru plus rapide ; il s'était avisé que les cruautés de la comtesse avaient épouvanté ses sujets dans le passé, et les laissaient épouvantés pour l'avenir, que toute la Romagne en criait vers le ciel [2] ; lui, Alexandre VI, il avait entendu ce cri et, ne pouvant permettre que Catherine voulût à tout prix, fût-ce à ce prix, « satisfaire des passions que, si elle se gouvernait par raison, elle devrait ensevelir [3], » par bulle pontificale du 9 mars 1499, contresignée de dix-sept cardinaux, il avait déposé cette « fille d'iniquité, » et investi César de ses Etats. Il ne restait au duc qu'à les aller prendre, et il s'y disposait. De son bureau de la deuxième chancellerie, à Florence, Machiavel voit venir le choc : avec quel soin, avec quelle attention il observe la rencontre de ces deux êtres qu'il sent à lui, dont il fait son bien pour sa future œuvre, l'un qu'il a vu de près, l'été précédent, Catherine ; l'autre auprès duquel il doit, bientôt après, vivre trois mois et demi, César Borgia ! « Trois cents lances françaises, signale-t-il le 15 novembre, et 4 000 Suisses vont partir pour aller aux dommages de Madame d'Imola, tous à la solde du Pape qui veut donner cet Etat, avec Rimini, Faenza, Pesaro, Cesena, Urbino, au Valentinois. On croit que, si les peuples ne font pas à Madame le pis qu'ils puissent, elle se défendra ; et quand même les terres, par la perfidie des peuples, ne se défendraient point, les forteresses se défendront ; en tout cas, il paraît bien qu'elle soit dans cette intention.[4] » Sous l'étendard de l'Eglise, comme pour une croisade, l'armée pontificale s'avance. Belle armée ! « Huit mille Suisses, Allemands ou Français, deux mille Espagnols et Gascons, deux mille frères, prêtres, cantiniers, gourgandines, et deux mille d'une autre canaille, qui en tout montent à la somme de quatorze mille. » En tête, sur un beau destrier, César, avec une armure blanche et la plume blanche, tout blanc ; un virginal et angélique César. Bientôt éclate « la perfidie des peuples » annoncée par le secrétaire florentin, et bientôt s'en découvre le sourd cheminement. « Les terres, » comme il l'avait prévu et prédit, ne se défendent pas. Ce Luffo Numai, comte, chevalier, chef d'une

1 Pasolini, *ouv. cité*, II, 22.
2 Lettre de l'ambassadeur milanais au duc de Milan. — Voyez Pasolini, I, 381.
3 Lettre du cardinal Ascanio Sforza, citée par Pasolini, *ibid*.
4 Lettre de Machiavel à Antonio Canigiani, commissaire au camp, dans Pasolini, *ouv. cité*, II, 130.

II. — COMMENT S'AGRANDIT ET SE RUINE LE PRINCE.

famille antique, illustre, très riche, influente, chez qui la comtesse, dans l'épreuve, avait jadis trouvé un sur secours, se sentant ou se croyant à présent suspect, passe à l'ennemi. Il fait, — si ce ne sont pas les chroniqueurs qui le lui ont fait faire plus tard, sur le modèle des historiens antiques, — tout un discours pour démontrer que « les gens de Forli peuvent honorablement et en bonne conscience abandonner la comtesse.[1] » « En bonne conscience, » et il ergote comme un procureur : « Ottaviano était venu en personne annoncer au Conseil qu'en vertu d'un décret papal il était déchu de ses droits et privé de toute autorité et domaine dans ses États d'Imola et de Forli. Or, une ville, dans ses actes publics et juridiques, doit se conformer aux actes publics et juridiques, non au jugement personnel et particulier de celui-ci ou de celui-là. Si la sentence du pape Alexandre qui dépose les Riari est injuste, il en répondra un jour devant son souverain juge ; mais il n'appartient pas aux habitans de Forli de juger cette sentence, ils sont obligés de s'y soumettre.[2] » Il fait jouer successivement tous les ressorts qui, en se déclenchant, disloquent les âmes ; — la peur : César est aux portes, avec quatorze mille hommes, que faire contre lui ? — l'intérêt : on était heureux sous les papes, avant que les tyrans eussent « pullulé comme mauvaises herbes, » avant les Calboli, les Orgogliosi, les Ordelaffi, sous le cardinal Albornoz, avant le retour des Ordelaffi, avant Girolamo et Catherine ; — la rancune, la haine : qu'avait été le gouvernement des Riari ? exils, bannissemens, confiscations, supplices, du sang, toujours du sang ! Béni soit le gouvernement des Papes, sous lequel il n'y a point de péril de minorité, sous lequel il n'est point possible de tomber aux mains d'une femme ! « Dites-moi, dites-moi de grâce, demandait Numai, quel est celui d'entre vous qui pourrait dire qu'il a eu au moins la liberté de marier à qui il le voulait ses propres filles ? » La comtesse en parle à son aise ; elle est bien close dans sa bonne *rocca* bien gardée ; mais eux, les bourgeois, dans la ville ouverte ?... Sur cet avis, et sur d'autres avis semblables, la ville s'ouvrit tout à fait. Les quatorze mille hommes d'armes, soudards, aventuriers et aventurières, marchands, rôdeurs et maraudeurs s'y précipitèrent. Chacun se rua où ses goûts, ses instincts, ses cupidités le portaient. Les uns s'abattirent sur les biens, et les autres sur les personnes. Les cloîtres furent

1 Pasolini. *ouv. cité*, II, 170. — D'après Bonoli, p. 278.
2 *Pasolini, ouv. cité*, II, 170. D'après Bonoli, p. 160, 161.

Charles Benoist

forcés. Toutes les cloches sonnaient, toutes les religieuses criaient à l'aide. Il fallut que le duc fit chasser à grand renfort de coups ces endiablés, — *indemoniati*, — qui ne comprenaient pas quel excès de pudeur lui prenait. Les compagnons de messire Yves d'Alègre marchaient sur de douloureux et dangereux souvenirs. C'était ici, c'était Forli, « la terre qui avait fait jadis la longue épreuve et des Français le sanglant monceau : »

La terra che fé già la lunga pruova

E di Franceschi sanguinoso mucchio.[1]

La place, les maisons, les pavés le leur criaient. Rassemblés en cercle autour de la Crocetta, ils dévisageaient longuement la statue de Saint Mercuriale placée sur l'autel et se répétaient l'un à l'autre : « Que veut dire ce poltron d'évêque qui se tient là assis sur le sépulcre des Français nos ancêtres ? Ce peuple l'a fait en mépris de nous, et ce monument est élevé en commémoration de la victoire qu'ils prétendent avoir remportée sur nous. » Vite par terre, l'évêque, et qu'au milieu des injures et des blasphèmes, il roule dans la boue ! Les forcenés eussent mis la statue en morceaux, si quelques-uns, effrayés, reculant devant le sacrilège, n'eussent appelé les moines, qui l'emportèrent, en piètre état, dans leur couvent. Cependant Catherine, seule peut-être dans la cité terrorisée, attendait l'assaut, — imperturbable et farouche. A cette heure qu'elle savait suprême pour les Riari et pour elle-même, ce n'était plus la suppliante écrivant à son oncle, le duc de Milan : « qu'elle était femme et par conséquent de nature peureuse.[2] » Elle se retrouvait dressée, bandée de toute son énergie, prête pour la dernière partie, pour le salut ou pour la perte. L'héroïque virago avait repris sans effort le ton héroïque des deux fins qui devaient être également sa fin, et auxquelles déjà elle avait échappé, le langage qu'elle parlait au bord du double abîme creusé devant elle avec les tombes de Girolamo et de Giacomo : « Je suis pour sentir les coups, disait-elle, avant que d'avoir peur.[3] » Elle n'avait point d'illusion, et ne se laissait pas prendre au miel dont essayait de l'engluer César : dans la courtoisie et la galanterie du Valentinois, traînait trop l'acre saveur du poison

1 Dante, *Inferno*, ch. XXVII. Allusion à l'assaut de 1282 et au massacre des Français, par un stratagème du comte Guido de Montefeltro.
2 Lettre au duc de Milan. Pasolini, II, 55.
3 *Ibid.*, p. 65.

II. — COMMENT S'AGRANDIT ET SE RUINE LE PRINCE.

des Borgia. Mais ils rusaient l'un vis-à-vis de l'autre : le lion et la lionne, qui allaient s'entre-déchirer, faisaient à qui mieux mieux le renard. Par les créneaux de la *rocca*, qui avaient servi de décor à tant de comédies du même genre, ils entamaient des conversations qui étaient des dissertations, et qui eussent réjoui Machiavel, s'il eût pu les entendre :

« Madame, disait le duc, vous savez combien la fortune des Etats est changeante ; je me rappelle qu'à Rome, outre le reste, on louait en vous l'amour de la lecture et la connaissance de l'histoire. Voici le moment de mettre à profit votre esprit et votre savoir. Je ne veux pas vous exposer la condition des choses, et la cause de ma venue : vous savez tout. Mais j'ai tant à cœur de vous montrer l'estime très haute où je vous tiens et de vous persuader que je ne voudrais jamais non seulement maltraiter, mais même contrister plus que de nécessité votre personne, que je vous propose, je vous conjure, de me céder spontanément cette *rocca*.

« Je vous promets toutes les conditions les plus avantageuses : je vous ferai assigner par le Pape des Etats, des revenus convenables pour vous et pour vos fils. Je m'en porterai moi-même garant. Vous pourrez vous établir partout, à Rome même s'il vous plaît. Ainsi vous épargnerez à vous-même et aux vôtres des travaux et des périls beaucoup plus grands que vous ne le croyez ; vous ne verrez pas une horrible effusion de sang ; en capitulant à temps, vous serez jugée femme valeureuse, adroite, et vous éviterez que par toute l'Italie on parle mal et l'on se rie de vous comme d'une femme aveugle et folle qui s'obstine à résister à des forces si supérieures. Cédez, cédez donc, Madame ! Cédez à mes prières. »

Et Catherine de répliquer :

« Seigneur duc, la fortune aide les intrépides et abandonne les couards. Je suis fille d'un homme qui ne connut point la peur, et, quelque chose qui puisse m'arriver, je suis résolue à cheminer sur ses traces jusqu'à la mort.

« Je sais combien sont changeantes les fortunes des États ; des histoires, oui, j'en ai beaucoup lu, il est vrai ; mais ce serait chose indigne qu'oubliant qui fut mon père et qui furent mes aïeux, je consentisse à me réduire en condition privée. Vous dites ne pas vouloir me parler de la cause de votre venue, mais c'est seulement parce qu'il ne vous plairait pas ensuite d'écouter ce que j'aurais envie de vous répondre.

« Je vous remercie de la bonne opinion que vous dites avoir encore de moi, mais, quant à la promesse qu'aujourd'hui vous me faites en votre nom et au nom du pontife, je me trouve forcée de vous répondre que, comme les prétextes allégués par votre père pour me déclarer déchue de ces États avec mes fils, dans le monde entier ont été jugés faux, iniques, misérables, de même et tout autant pour fallacieuses et trompeuses je tiens vos promesses et celles du Pape. L'Italie sait ce que vaut la parole des Borgia, et la mauvaise foi du père enlève tout crédit au fils.

« J'ai des forces suffisantes pour me défendre, et je ne crois pas du tout que les vôtres soient irrésistibles. « Plût à Dieu que du duc de Milan mon oncle je pusse avoir l'aide que déjà j'eus une autre fois ; alors, je vous pourrais démontrer, non par des paroles, mais par des faits, où est l'obstination aveugle, et où la vraie valeur. Si, après avoir refusé toute condition ignominieuse, toute faiblesse indigne du nom de Sforza, je suis brisée par vous, sachez bien, et qu'avec vous le monde le sache, qu'unie de cœur à tous ceux qui sont céans avec moi, je me conforterai en pensant que le nom de qui meurt au champ de bataille n'est oublié jamais, et que souvent encore sa cause revit et triomphe.[1] »

C'est comme le refrain de la chanson épique, de la chanson de geste que la comtesse de Forli est en train, non de chanter, mais de vivre dans le sang et dans les larmes ; « Je suis fille d'un homme qui ne connut jamais la peur. » Mais tout le monde n'est pas fils d'un pareil homme ; et la peur, qui n'est point en elle, est partout autour d'elle : la peur, infailliblement mère de la trahison. La défection bavarde et chicanière des Numai se change en défection brutale, muette, panique, mécanique. Ni l'astuce ni la vaillance n'empêcheront la catastrophe, à peine la retarderont-elles : le renard et la lionne, qui sont en Catherine, et dont ni les tours ni le cœur ne lui font défaut jusqu'au bout, iront du même coup se prendre au même piège. Inutilement elle essaiera de s'emparer de César,

---

1 Pasolini, *ouv. cité*, 178-180, d'après Burriel, III, 770-773. Le comte Pasolini remarque que « le dialogue est refait dans la forme, » mais que Burriel, qui écrivait à la fin du XVIIIe siècle, a eu sous les yeux les pièces d'un *archivio Riario* qu'il n'a pas été possible de retrouver ou du moins d'identifier sûrement depuis lors.

II. — COMMENT S'AGRANDIT ET SE RUINE LE PRINCE.

en l'attirant par cette courtoisie, par cette galanterie qu'il affecte, en l'invitant, pour lui parler de plus près, à mettre le pied sur le pont-levis subitement relevé. C'est le duc qui, à la fin, la fera traîner à lui, hors de cette *rocca* où elle avait vécu tant de dures journées, loin de son *Paradiso* où elle s'était ménagé quelques joies, au bas de ce *maschio* dont elle s'était fait comme une aire. Il l'a, à la fin, — et c'est bien la fin, — il la tient, livrée peut-être par ce Giovanni da Casale, qui passait un peu pour être ou avoir été son amant. La domination des Riari s'écroule dans la désaffection générale, dans l'indifférence pire que la désaffection : « Maintenant que les Sforzeschi sont tout écrasés, *sit nomen Domini benedictum* ! [1] » Ah ! le beau César, le gonfalonier de l'Eglise qui porte sur son écu les lis de France avec le bœuf rouge des Borgia, n'est plus courtois ni galant à cette heure : déclarations, promesses et sermens s'il en fit, il a tout oublié ; la bête se réveille dans le Prince, on ne sait quelle horrible bête en ce prince charmant ; ou plutôt est-ce l'effet voulu d'un monstrueux vouloir : il souille d'une lâcheté et d'une goujaterie son succès. Le Pape peut estimer que ce n'est pas assez, désirer qu'on détruise en Catherine « cette semence du serpent diabolique [2] » qu'est la race des Sforza ; il peut échafauder contre elle, voulant appuyer de motifs la condamnation, tout un procès pour fausse tentative d'empoisonnement, et ne lâcher sa proie que lorsque, indignés de ses façons, et furieux d'avoir été dupes, les gentilshommes français la lui arracheront : il n'y a plus rien à briser dans cette femme chez qui la Fortune a successivement brisé l'amour, le pouvoir et l'orgueil. Vit-elle encore, ce n'est plus que pour s'abîmer en ce triple passé, à jamais passé, où elle fut. Et la complainte populaire traduit fidèlement sa plainte : « Ecouite cette inconsolée Catherine de Forli ! » Inconsolée, inconsolable, et qui pleure parce qu'elle n'est plus :

Scolta quella sconsolata

Catherina du Forlivo.[3]

---

1 Mot de Pierre Saverges, évêque de Luçon, chancelier du roi de Franoe à Milan, à Gian Giorgio Seregni, rapporté par Pasolini, *ouv. cité*, II, 241.
2 *Casa Sforzesca era semenza di la serpe indiavolata.* » D'après Sanuto, *Diarii*, II, fol. 529 et suiv. — Cf. Villari, *Niccoló Machiavelli*, I, *latroduzione*, et Pasolini, *ouv. cité*, II, 188.
3 Pasolini, *ouv. cité*, III, *Documenti*.

Charles Benoist

V

« Certes, avait écrit Alessandro Bracci, après le meurtre du duc de Gandia, quiconque ait gouverné la chose, celui-là a été un grand maître. » A voir comment se joue entre ces princes le jeu du monde, le bon chroniqueur Bernardi en demeure stupide : « Selon moi, les faits des grands maîtres sont très difficiles à entendre.[1] » Ils en jugeaient l'un en ambassadeur, l'autre en bourgeois placide, parlant l'un de César, et l'autre de Catherine, dignes rivaux, partenaires égaux. Les deux partenaires, Catherine comme César, ne s'embarrassaient guère des répugnances de la sincérité, de la loyauté, ou même de la probité vulgaire : tous deux partageaient l'opinion que Fortunati frappait ainsi en aphorisme, à l'usage d'Ottaviano Riario : « *Si jus violandum est, regnandi causa violandum est. Si le droit doit être violé, c'est pour régner qu'il doit être violé.*[2] » Tous deux étaient là-dessus du même sentiment que tous les tyrans et tous les condottieri, que Ridolfo da Camerino,[3] que Jean des Bandes Noires, le fils si longtemps désiré, le fils prédestiné, le fils non-seulement de la chair, mais de l'esprit et du cœur, des Médicis et des Sforza. « Vas-y hardiment, disait quelqu'un à l'un des soldats de Jean d'Italie, qui s'en allait combattre ; vas-y sans crainte, tu as raison. » Et le capitaine, interrompant : « Ne te fie pas en cela, mais en ton cœur et en tes mains ; autrement, tu auras l'air d'une bête.[4] » Le droit, la raison, même chose et même mot, — *la ragione*, — dans la langue italienne de ce temps-là. Catherine Sforza en était convaincue, César Borgia en est plus convaincu encore ; il n'est personne alors qui n'en soit convaincu : c'est, de toute part et chez tous, l'amoralité, ou mieux l'amoralisme machiavélique. La question de droit se résolvant dans une question de règne, il n'y a plus qu'à résoudre la question de règne par une question de force. Machiavel, lorsque, du mois d'octobre 1502 au mois de janvier 1503, il séjournera près de César, n'aura pas de peine à reconnaître en lui son homme, l'homme de la force, l'homme du règne, le

---

1 *Id., ibid.*, II, p. 28. D'après Bernardi, c. 377, v. 278, r.

2 Pasolini, *ouv. cité*, II, p. 312,

3 Cf. Franco Sacchetti, *Novella* XL. « Il detto messer Ridolfo [da Camerino] a un suo népote, tornato da Bologna da apparare ragione, gli prova che ha perduto il tempo. » Édit. Ottavio Gigli ; 1888, Florence, Le Monnier, t. I, p. 103.

4 Pasolini, *ouv. cité*, II, 35.

II. — COMMENT S'AGRANDIT ET SE RUINE LE PRINCE.

Prince, cette espèce d'homme faite pour surprendre, s'attacher, subjuguer, dominer les hommes, qu'on appellerait volontiers, à la mode de Lombroso, l'*uomo politicante*.

ISBN : 978-1534868830

Charles Benoist